Ravensburger Freizeit-Taschenbücher Band 74

Rex Anderson

Gitarre spielen

Übersetzt von Manfred Deppe

Otto Maier Verlag Ravensburg

Deutsche Erstausgabe
Die englische Originalausgabe
erschien unter dem Titel »Playing the Guitar«
bei Macdonald Educational (ISBN 0-356-06037-3)

Übersetzt von Manfred Deppe
Umschlagfoto von Manfred Bauer, Hamersen
Gesamtherstellung: Appl, Wemding
Printed in Germany

84 83 82 81 80 5 4 3 2 1

ISBN 3-473-43074-9

Inhaltsverzeichnis

Die Ursprünge der Gitarre

Der urzeitliche Jäger, der seinen Bogen neu spannte, entdeckte vielleicht als erster, daß man mit dem Zupfen einer gespannten Saite einen musikalischen Klang erzeugen kann.

Einige der frühesten Abbildungen von Griffbrettinstrumenten kann man auf den Steinreliefs der Hethiter sehen – 2400 Jahre alt. Diese primitiven Instrumente waren in der Form einer Gitarre nicht unähnlich,

Quintern (Gitarre); aus einer Serie von Drucken mit zehn musizierenden Frauen, die dem schweizer Künstler Tobias Stimmer (1539 bis 1584) zugeschrieben werden.

Der Stammbaum der Gitarre

1 Ägyptische Nefer (1500 v. Chr.)
2 Sechschörige Vihuela (1600 n. Chr.)
3 Vierchörige Gitarre (Mailand 1646)
4 Fünfchörige Gitarre (Portugal, etwa 1590)
5 Fünfchörige Gitarre (Cadiz 1763)
6 Sechschörige Gitarre (Cadiz 1783)
7 Sechssaitige Gitarrre (Orléans 1773)
8 Sechssaitige Gitarre (Wien, etwa 1825)
9 Sechssaitige Gitarre von Mirecourt (etwa 1840)
10 Gitarre von Antonio de Torres (1883)
11 Gibson-Gitarre mit geschwungener Decke (etwa 1918)
12 Martin 0-45 (1929)
13 Gibson L-50 (etwa 1932)
14 Gibson ES-5 (1949)
15 Flamenco-Gitarre von Hermanos Conde (Madrid 1972)
16 Bozo, 12saitig (1975)
17 Gibson Les Paul (1976)
18 Gibson J-55 (1975)

18
17
16
15
9
10
8
7
6
4
2
1

hatten jedoch nur eine Saite. Die alten Ägypter spielten auch ein Instrument, *Nefer* oder *Nofre* genannt, das starke Ähnlichkeit mit der Gitarre hatte.

Die moderne Gitarre ist aber kein direkter Nachfahre dieser altertümlichen Instrumente. Der Name »Gitarre« kann zurückverfolgt werden zur römischen *Cithara*, die aber ein harfenähnliches Instrument ohne Griffbrett war. Die Familie der Griffbrettinstrumente verzweigt sich wie die Äste eines Baumes von seinen frühen Wurzeln.

Die Laute ägyptischer Herkunft erfreute sich als erstes Griffbrett-Instrument großer Popularität in Europa. Um sie von ähnlichen Instrumenten zu unterscheiden, deren Klangkörper aus dem Flaschenkürbis oder dem Rückenschild von Schildkröten gemacht waren, wurde sie einfach »Das Holz« oder *Al'ud* genannt. Man nimmt an, daß sie von den Persern stammt und beeinflußt wurde von der *Tzitze,* einem Instrument benannt nach seinem Erfinder, einem chinesischen Herrscher.

Dieses Instrument, in seinen vielen Formen, führten die siegreichen Mauren in Spanien als *Rebec* ein. Es hatte die Form einer halben Birne und wurde zuerst mit dem Bogen gespielt. Als es von der Spanischen Kirche wegen seiner weltlichen Wirkung verboten wurde, verzichteten die Spieler einfach auf den Bogen und begannen es zu zupfen.

Im 14. Jahrhundert begann dieses Instrument sich unabhängig von der Laute zu entwickeln. Mittlerweile spielten die Franzosen eine *Crota,* eine eigene Weiterentwicklung der römischen *Cithara,* die sie zusätzlich mit einem Hals und einem Griffbrett versehen hatten. Diese fand ihren Weg über die Pyrenäen nach Nordspanien, wo sie sich mit ande-

Vorder- und Rückseite einer französischen Gitarre zu Anfang des 18. Jahrhunderts.

ren Formen von Griffbrettinstrumenten vermischte.

Eines der Ergebnisse dieser Entwicklung war die *Vihuela,* der erste direkte Vorfahre der modernen Gitarre. Ihre sechs Saiten hatten die Stimmung G C F A D G. Sie war verziert und prachtvoll, aber populärer war eine einfachere viersaitige Version, die *Guitarra Latina.*

Im frühen 16. Jahrhundert kam eine fünfte Saite dazu, und sie wurde in ganz Europa als die spanische Gitarre bekannt. Zu Beginn des 17. Jahrhunderts hatte sie die *Vihuela* vollständig verdrängt. Nach zahlreichen Versuchen mit einer sechsten Saite während des 18. Jahrhunderts kam zu Anfang des 19. Jahrhunderts in Deutschland die tiefe E-Saite hinzu.

Zwei Gitarren von Altamia (links) und Hahai (rechts), aus der Mitte des 19. Jahrhunderts.
Im 19. Jahrhundert hat die Gitarre ihre heutige, uns vertraute Form erreicht.

Die Gitarre heute

Gegen Ende des letzten Jahrhunderts war die Entwicklung der modernen klassischen Gitarre abgeschlossen, und trotz all der Technologie dieses Jahrhunderts haben die letzten 75 Jahre nicht viel mehr als Verfeinerungen gebracht. Dagegen wurden in diesem Jahrhundert die Westerngitarre mit Stahlsaiten, die bauchige Jazzgitarre mit F-Löchern und, von großer Bedeutung, die Elektro-Gitarre entwickelt.
Die Beziehung zwischen Spieler und Zuhörer hat sich kaum geändert. Die Idole unserer Zeit sind Jimi Hendrix und Eric Clapton. Aber die gleiche Begeisterung schlug Anfang des letzten Jahrhunderts Mauro Giuliani entgegen. Der hatte sogar einen Fan-Club, die *Giulianiad.*
Fernando Sor sorgte um die gleiche Zeit für die Popularität der Gitarre in England. Er kam 1809 nach London und gab der Panormo-Familie wichtige Impulse im Gitarrenbau. Diese weitverzweigte Familie von Gitarrenbauern machte die besten Gitarren bis etwa 1875.
In Amerika arbeitete C. F. Martin an der Weiterentwicklung der Gitarre mit geschwungener Decke. In seiner Werkstatt wurden nach und nach die Stahlsaiten-Westerngitarren entwickelt und hergestellt.

De Torres
Der Vater der klassischen Gitarre in seiner heutigen Form war Antonio de Torres, ein spanischer Gitarrenbauer. Er vergrößerte den Gitarrenkorpus, machte das Griffbrett flach und breiter, verstärkte die Fächerbalken unter der Decke, die den Saitendruck auf den Steg auffangen und setzte eine einheitliche Saitenlänge von 650 mm fest.
Daraufhin war es Francisco Tarrega, der die Grundlagen der modernen Spielweise schuf und damit den Weg bereitete für Meister wie Andres Segovia, Julian Bream und John Williams.

Elektrische Gitarren
Mit der Entwicklung der Elektrotechnik zum Ende der 30er Jahre wurden zahlreiche Versuche angestellt, auch die Gitarre zu verstärken. Um in den großen Tanzorchestern jener Zeit gehört zu werden, brauchten die Gitarristen einfach mehr Lautstärke. Charlie Christian, der schon immer Melodiebögen wie ein Saxophonist hatte spielen wollen, spielte auf einer der ersten Gibson E-Gitarren und setzte damit völlig neue Maßstäbe für das Gitarrenspiel.
Nun blieb nur noch ein entscheidender Schritt bis zur modernen E-Gitarre – und daran arbeiteten Leo

Jimi Hendrix war wahrscheinlich der technisch begabteste Rock-Gitarrist aller Zeiten.

Django Reinhardt, der brillante Jazz-Gitarrist, gezeichnet von Jean Cocteau.

Seite 15:
Elvis Presley war kein großartiger Instrumentalist, aber Inspiration für viele. Seine Popularität trug dazu bei, daß die Gitarre *das* Instrument des Rock'n Roll wurde.

Fender und Les Paul bereits unabhängig voneinander. Beim Aufkommen des Rock'n Roll Mitte der 50er Jahre spielten die Gitarristen hauptsächlich Instrumente mit geschwungener Decke und F-Löchern oder solche mit flacher Decke. Aber die Brettgitarren gab es auch schon, und sie beherrschten mit dem Aufkommen der Rockmusik bald die gesamte Szene.
Heute ist die Gitarre eines der vielseitigsten und interessantesten Instrumente in Rock-, Jazz- und klassischer Musik. Mit ihm lassen sich alle musikalischen Möglichkeiten ausschöpfen. Die Gitarre kann ganz einfach begleiten, Rhythmus machen, in Solos herausragen oder mit komplexen Harmonien und Flageolett-Tönen hinreißende Klanggebilde schaffen.

Moderne Entwicklungen
Das Repertoire der klassischen Gitarre ist von den zeitgenössischen Musikern, die sich zu ihr hingezogen fühlen, beträchtlich erweitert worden. Virtuosen wie John Williams und John McLaughlin sorgen dafür, daß elektrische und klassische Gitarre sich nicht zu sehr auseinanderentwickeln.
Die Liedermacher und Folkgitarristen machen auch gern Anleihen im Rock und der klassischen Musik. Neue Impulse kommen durch offene Gitarrenstimmungen, neuarti-

ge Spielweisen und das Einbeziehen musikalischer Stile außerhalb des abendländischen Kulturkreises.

Durch die Verstärkung hat die Gitarre einen neuen Klang bekommen. Effektgeräte wie Wow-Wow- und Volumepedal, Echo, Verzerrer, Phaser und Flanger können den Klang noch weiter verfremden. Man kann mit den Gitarrentönen sogar einen Synthesizer steuern und ihr damit jeden elektronisch erzeugbaren Klang leihen.

Moderne Gitarrenbauer haben auch neue Technologie in die Konstruktion eingebracht, so daß Gitarren jetzt völlig nach Wünschen des Spielers maßgeschneidert werden können. So gibt es z. B. Gitarren mit Fiberglas-Korpus und akustische Gitarren mit Tonabnehmer im Steg.

Die Konzertgitarre

Die Konzertgitarre hat 19 Bünde, wobei der 12. Bund, die Oktave, dort liegt, wo das Griffbrett am Korpus angesetzt ist. Typisch ist auch das breite, flache Griffbrett, das zwar schwieriger zu spielen ist als das gewölbte, aber erst die Voraussetzungen für die Erfordernisse der Konzertgitarrentechnik schafft.

Der heute bekannteste Gitarrenbauer ist José Ramirez III., Kopf einer Firma in Madrid , die seit dem Ende des letzten Jahrhunderts Gitarren baut.
Ramirez-Gitarren haben eine Halsverstärkung aus einem Ebenholzbalken in der Mitte, um Verwindungen zu vermeiden, und die Rosenholzzargen sind mit Randeinlagen aus Zypernholz eingefaßt.
Unter dem Steg befindet sich, nur mit dem Spiegel zu erkennen, ein System von Fächerbalken. Die Klangfülle und der Ton einer Konzertgitarre werden hauptsächlich bestimmt durch das Maß, in dem die Kiefernholzdecke mitschwingen kann. Den vollkommenen Klang könnte man mit einer Gitarre ohne Fächerbalken erreichen. Aber ohne diese Verstrebungen würde das Holz der Decke unter dem Druck der Saiten reißen.

Die Western-Gitarre
Die Stahlsaiten-Westerngitarre wurde in den 20er Jahren dieses Jahrhunderts in ihrer Entwicklung abgeschlossen. Ihre Bauweise ist der Konzertgitarre sehr ähnlich.

Bedingt durch die höhere Saitenspannung der Stahlsaiten (etwa doppelte Spannung) braucht sie jedoch ein anderes Balkensystem. Anstelle der Fächerbalken hat sie ein System von 2 Quer- und mehreren Längsbalken unter dem Deckenholz, um den Druck der Metallsaiten auf den Steg zu stützen.

Die anderen Unterschiede liegen hauptsächlich im Hals, der länger ist und wenigstens 14 Bünde Spielraum zwischen Sattel und Korpusansatz freiläßt. Auch ist er schmaler und hat eine leichte Querwölbung, um das Spielen zu erleichtern.

Der stärkere Zug der Metallsaiten auf den Hals wird durch einen Stahlstab aufgefangen, der im Hals eingebaut ist und zum Ausgleichen von Verwindungen verstellt werden kann.

Folk-Gitarren haben üblicherweise ein Schlagbrett, um die weiche Holzdecke vor Kratzern und Beschädigungen zu bewahren. Meistens haben sie eine Stimmechanik, die durch das Wirbelbrett geführt ist, wie bei den elektrischen Gitarren.

Auch haben Western-Gitarren einen größeren Korpus als Konzertgitarren.

Die Semi-akustische Gitarre

Die ersten elektrischen Gitarren waren der Celloform nachempfundene akustische Instrumente, die man einfach mit Tonabnehmern versehen hatte. In die Übertragung geht nicht nur der Klang der Saiten, sondern auch die Korpusresonanz mit ein. Da das Instrument an sich ja nicht laut klingen muß, ist es in der Konstruktion flach gehalten.

Die Verstärkung von Saiten und Korpus neigt leicht zur Auslöschung einiger Obertöne. Das gibt der halbakustischen Gitarre ihren charakteristischen, weichen Klang.

1936 stellte Orville Gibson die ES 150, die erste elektrisch verstärkte akustische Gitarre vor. Sie war das Werk von Walter Fuller, der den Tonabnehmer entwickelt hatte, und man bekam sie zum Preis von 50 Dollar mit Koffer. Genau diese Gi-

tarre war es, die Charlie Christian Anfang der 40er Jahre als Mittler seiner eigenen Klangvorstellungen aufgriff. Die Semi-Akustik ist immer noch sehr beliebt als Rhythmus- und Jazzinstrument. Sologitarristen bevorzugen jedoch die Brett-Gitarre (elektrische Gitarre) wegen ihres härteren Klanges.

Die Brett-Gitarre

Die Brett-Gitarre mit Massivholzkorpus wurde von Les Paul, Leo Fender und Paul Bigsby entwickelt. Obwohl sie Freunde waren und Nachbarn in Californien, arbeiteten sie getrennt an ihren Ideen.

Les Paul baute »The Log« (den »Klotz«) für Gibson schon 1941. Aber er mußte noch 10 Jahre warten, bis seine Idee sich verkaufen ließ. Fender bot 1948 seine erste Brett-Gitarre zum Verkauf an.

Die Funktionsweise der modernen Brett-Gitarre ist so, daß die Saitenschwingungen durch Tonabnehmer in elektrische Impulse umgewandelt werden. Diese werden verstärkt und durch die Lautsprecherbox wieder in akustische Schwingungen umgesetzt. Vor der Verstärkung können die elektrischen Impulse mit Boostern, Effekt-Pedalen und ähnlichen Apparaten modifiziert werden, wie immer der Musiker den Klang haben möchte.

Trotz allem, das verwendete Korpusmaterial (ob Holz, Metall oder Kunststoff) und die allgemeine Bauweise einer Brettgitarre sind immer noch wichtig für ihren Klang, im besonderen für das Aushalten eines Tones. Elektrogitarren sind in vielen ungewöhnlichen Formen gebaut worden. Mischformen wie die Doppelhalsgitarre haben sich entwickelt, die die Hälse von 12- und 6-saitiger Gitarre an einem Instrument vereinen.

So werden Gitarren gebaut

Der wichtigste Bestandteil einer Gitarre ist das Holz, aus dem sie gemacht wird. Gitarrenbauer lagern das Holz – Fichte für die Decke, Rosenholz für die Zargen, Mahagoni oder Zeder für den Hals und Ebenholz für das Griffbrett – über einen Zeitraum von 3 bis 20 Jahren. Das muß sein, um sicherzugehen, daß das Holz genügend abgelagert ist, bevor es verarbeitet wird.

Ein frisches Holz »arbeitet« noch und würde sich verziehen und reißen.

Die Konstruktionsprinzipien aller Gitarren sind ziemlich ähnlich bis auf die Brettgitarren; bei denen ist die Konstruktion eines klanglich ausgewogenen Resonanzkörpers unnötig.

Bei einer akustischen Gitarre beginnt man mit dem Zargenholz, das bis zu einer Stärke von 3 mm oder weniger abgehobelt wird. Dann wird es auf einem Biegeeisen vorsichtig gebogen und mit Schraubzwingen in oder an eine vorbereitete Holzform gepreßt.

Den Hals beläßt man im Rohzustand, während Fuß und Absatz gesperrt verleimt werden. Dieses sind auch die Teile, die bereits ihre endgültige Form haben, wenn der Hals in die Zargen eingepaßt wird. Darauf wird das Wirbelbrett mittels einer schwalbenschwanzartigen Verbindung an den Hals geleimt.

Die Decke und der Boden werden aus Hölzern gemacht, die in der Mitte der Länge nach in zwei gleichstarke Bretter auseinandergesägt werden. Die beiden Hälften werden hierauf Kante an Kante zusammengeleimt. Die Querbalken und »Spreizer« (Fächerbalken) werden auf der Decke angebracht, die dann auf die Zargenwand aufgeleimt wird. Die »Reifchen«, ein der Zargenform angepaßtes Holzband, sorgen an dieser Nahtstelle für die nötige Stabilität. Der Boden wird sinngemäß von der anderen Seite an die Zargenwand und den Halsansatz angeleimt.

Die Zierstreifen am Rand der Decke sind nicht nur zur Verzierung, sondern um die offene Maserung des Deckenholzes abzuschließen.

Große Sorgfalt wird auf das genaue Einpassen des Griffbretts vom Sattel bis zum Schalloch verwendet. Man kann es abschleifen, um Saitenschnarren zu verhindern, ohne die Saitenlage zu sehr zu verschlechtern.

Die Lage der Bünde wird nach einer Schablone angesetzt, die man vorher nach den Prinzipien der Saitenteilung errechnet hat, um eine temperierte Stimmung zu erhalten. Mit einer feinen Säge wird das Griffbrett eingesägt. Da hinein werden die Bünde, Stücke eines T-förmigen Nickel-Silberdrahtes, eingesetzt und festgehämmert. Dabei wird nicht geleimt.

Der Sattel wird eingepaßt und dann der Steg, dessen Lage für die »Bundreinheit« entscheidend ist. Zuletzt wird das Instrument gesäubert und bis auf das Griffbrett lackiert.

Den heute bekannten Gitarrenbauern wird manchmal unsaubere Arbeit und Verwendung schlechten Materials vorgeworfen. Der erste Vorwurf ist sicher unberechtigt. Die Knappheit von guten Hölzern auf dem Weltmarkt bewirkt, daß viele der feinen Holzsorten, die in alten Gitarren verwendet wurden, heute nicht mehr verfügbar sind. Die Musiker vergessen auch, daß eine Gitarre reif wird wie eine Geige. Eine neue Gitarre muß eingespielt werden.

Bei diesem Instrument wird die Decke auf einen einzelnen Holzrand geklebt, der dann eingekerbt wird, um das Gewicht zu verringern.

Seite 21:
Die Fächerbalken dieser Yamaha Western-Gitarre werden von oben in die richtige Position gespannt.

1. Die Fächerbalken werden abgehobelt, um das Gewicht der Decke so gering wie möglich zu halten.

2. Die Fächerbalken werden auf die Decke geklebt und dann mit speziellen Vorrichtungen in ihrer endgültigen Lage verspannt.

5. Bunddraht wird so vorsichtig ins Griffbrett gehämmert, daß dies nicht beschädigt wird.

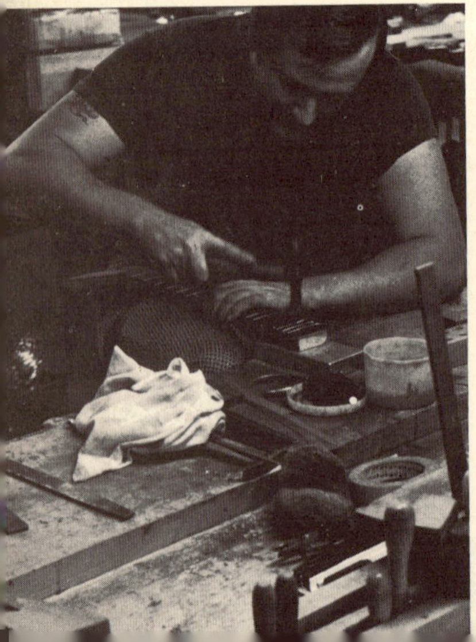

6. Bevor das Instrument lackiert wird, wird der Boden abgeschliffen.

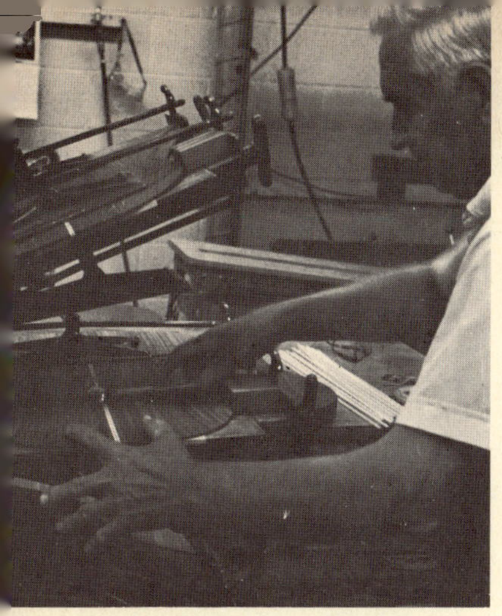

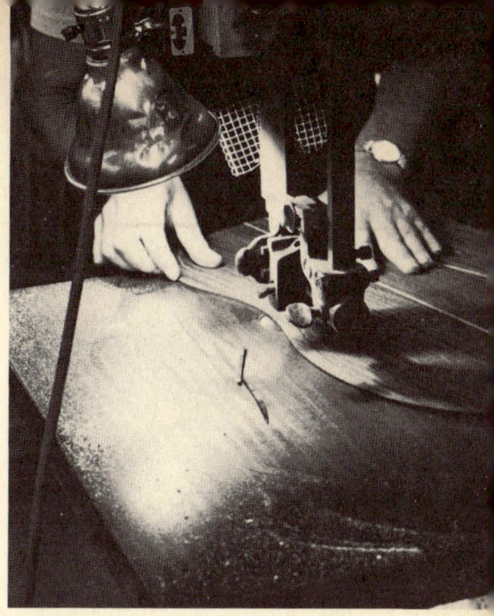

3. Die zwei Hälften, aus denen die Gitarrenrückseite entsteht, werden in dieser Spannvorrichtung Kante auf Kante zusammengebaut.

4. Die Form des Bodens wird mit der Stichsäge ausgesägt. Seinen letzten Schliff erhält er beim Verleimen.

7. Hals und Griffbrett werden mit einer schwalbenschwanzartigen Verbindung in einen Klotz am Oberteil des Korpus eingesetzt.

8. Der Steg wird durch gleichmäßigen Druck auf seiner gesamten Länge in der richtigen Stellung verleimt.

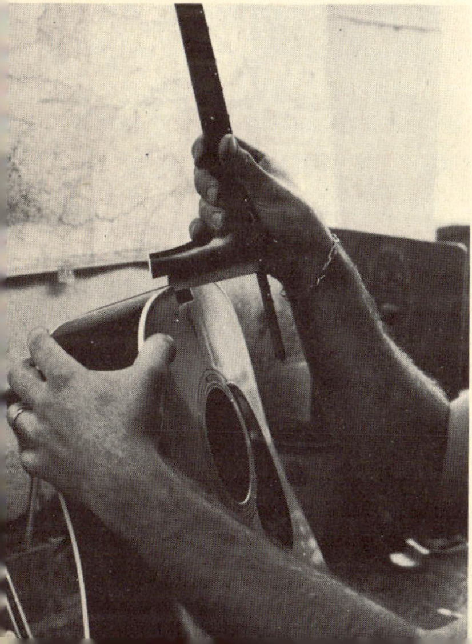

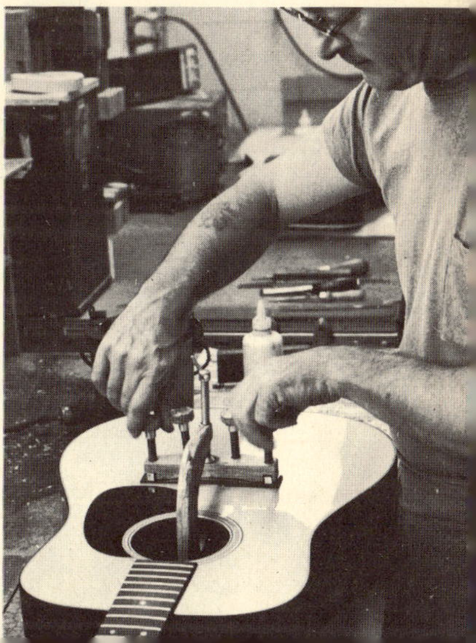

Der Aufbau der Gitarre

Akustische Gitarre

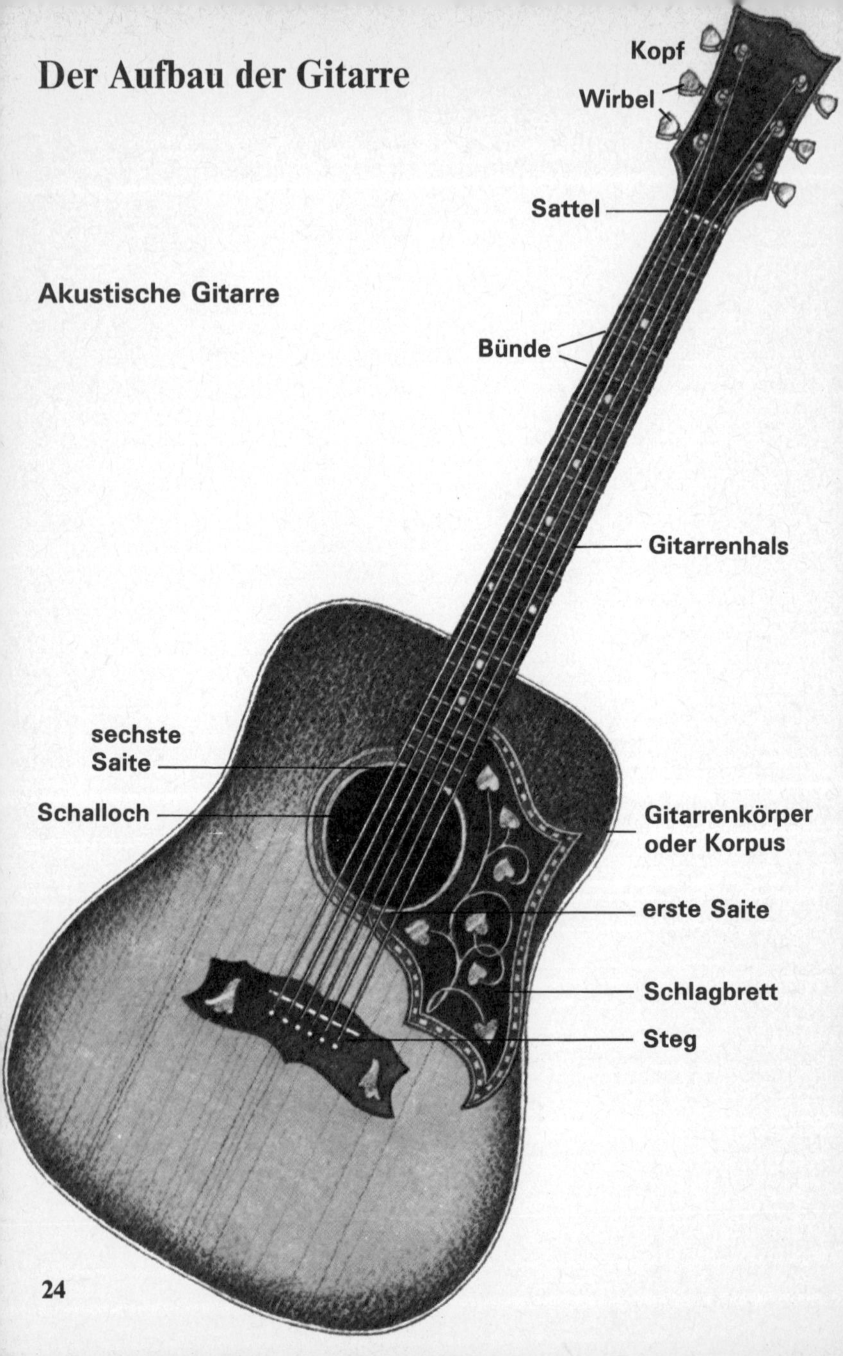

Elektrische Gitarre (Brettgitarre)

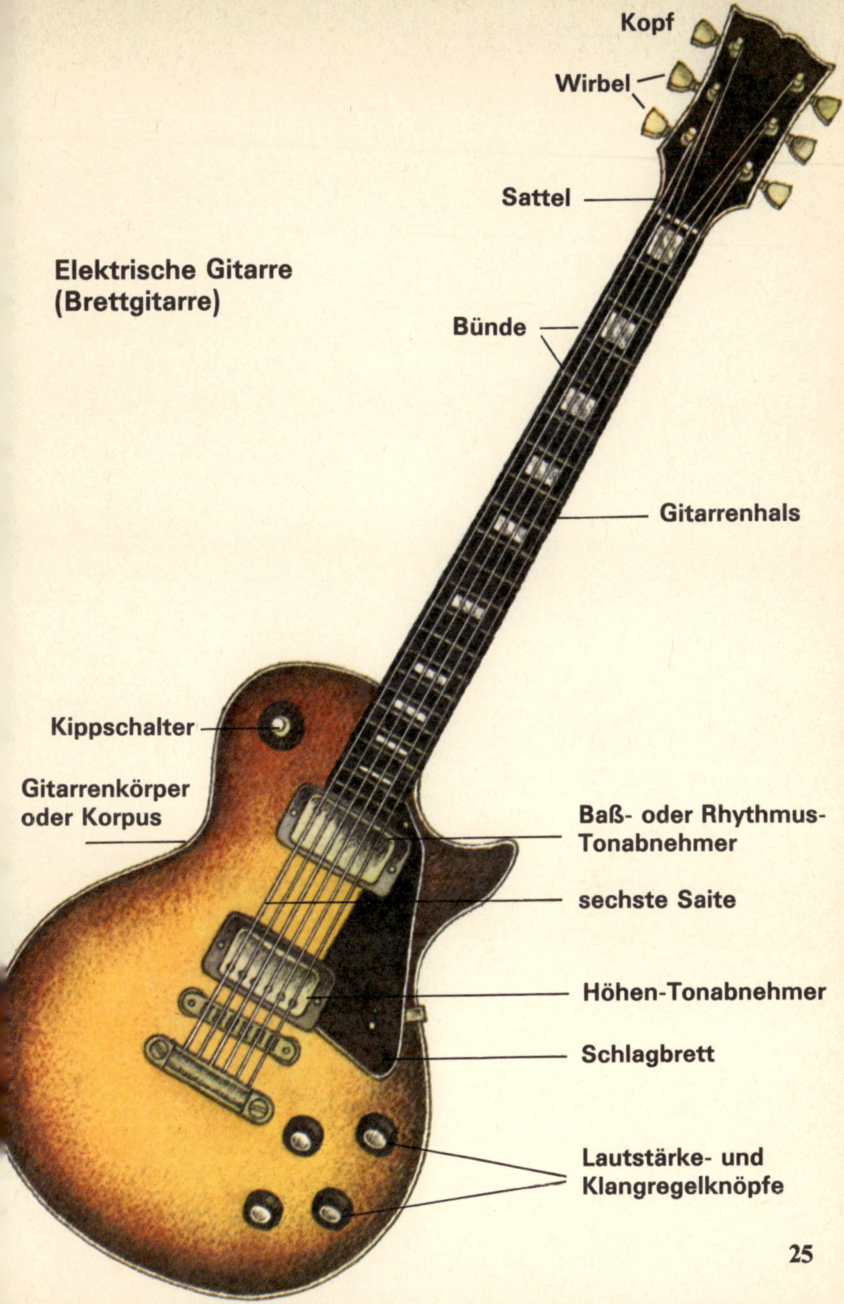

Der Kauf einer Gitarre

Ob sie eine akustische oder eine elektrische Gitarre kaufen wollen, die erste Regel ist, jemanden mitzunehmen, am besten jemanden, der etwas von dem Instrument versteht. Mal ganz abgesehen von dem ganz klaren Vorteil der moralischen Unterstützung und des Ratschlags, kaufen Sie ja eine Gitarre hauptsächlich wegen ihres Klanges. Und der ist unterschiedlich, je nach dem ob Sie dahinter stehen, Sie spielen, oder als Zuhörer davor stehen. Jemand, der etwas von dem Instrument versteht, wird auch in der Lage sein, Sie auf die Gitarrentypen aufmerksam zu machen, denen sie aus dem Wege gehen sollten, ob sie nun billig oder teuer sind.

Erst informieren – dann kaufen

Egal wieviel Sie ausgeben wollen, probieren Sie jede Gitarre des Ihnen liegenden Typs aus, die Sie unter die Finger bekommen. Nehmen Sie sich Zeit und klappern Sie ein paar Geschäfte ab, bevor Sie sich aufgrund der gesammelten Erfahrungen entscheiden.

Falls Sie eine elektrische Gitarre haben wollen, versuchen sie jedes Instrument über die gleiche Verstärkeranlage mit der gleichen Einstellung auszuprobieren. Sie sollten sich darauf vorbereiten, die Gitarre gründlich zu untersuchen – besonders wenn sie ein Instrument aus zweiter Hand kaufen.

Wichtige Punkte zum Prüfen

Zuerst stimmen Sie die Gitarre mit Hilfe einer Stimmpfeife oder Stimmgabel und drücken dann alle Saiten kurz und kräftig in Anschlagsrichtung. Das sollte sie nur leicht verstimmen. Wenn die Saiten sich stark verstimmen, ist etwas mit der Gitarre nicht in Ordnung. Wahrscheinlich müssen die Stimmechaniken erneuert werden.

Halten Sie die Gitarre mit dem Kopf gegen ein Auge und schauen Sie am Griffbrett herunter in Richtung zum Saitenhalter. Jetzt sollten Sie jede stärkere Unebenheit oder Verbiegung im Hals wahrnehmen können. Falls die Gitarre einen Stahlstab besitzt, lassen Sie den Händler diesen verstellen um den verzogenen Hals zu begradigen. Kann die Krümmung nicht behoben werden, kaufen Sie das Instrument nicht!

Schauen Sie sich die Saitenhöhe am 12. Bund an. Kann unter Umständen der Steg verstellt werden, um den Saitenabstand zum Griffbrett zu verringern? Spielen Sie Flageolettöne über dem 12. Bund (mit dem Finger nur leicht berühren, nicht drücken!) und vergleichen Sie sie mit den auf dem selben Bund gegriffenen Tönen. Stimmen sie nicht überein, fragen Sie, ob die Saitenlänge am Steg nachgestellt werden kann.

Zuletzt sollten Sie vor dem Kauf auf eventuelle Nebengeräusche des Instruments hinweisen und sie beheben lassen. Einen angemessenen Formkoffer zum Schutz des Instruments zu kaufen, sei Ihnen hiermit empfohlen.

Eine typische Auswahl elektrischer Gitarren.

Einstellen der Gitarre

Da die Besaitung Ihrer neuen Gitarre vermutlich schon Monate alt ist, empfiehlt es sich, einen neuen Satz Saiten aufzuziehen.

Sollte sich der Hals nach dem Einstimmen der neuen Saiten leicht krümmen, muß er nachgestellt werden. Das geschieht durch Lockern oder Anziehen der Schraubenmutter am Ende des Stahlstabes. Diese befindet sich im Wirbelbrett (hinter einem verschraubten Plastikschild). Wenn sich der Hals nach vorne

biegt, sollte sie angezogen werden; biegt er sich nach hinten, muß man die Mutter lockern. Drehen Sie die Mutter aber immer äußerst langsam und beobachten Sie ständig, wie der Hals gerade wird.
Wenn die Saiten zu hoch über dem Griffbrett liegen, muß der Saitenabstand verringert werden. An einigen Gitarren kann man die Saitenhöhe für jede Saite einzeln verstellen. Aber die meisten Westerngitarren haben lediglich zwei Drehknöpfe links und rechts vom Steg, um die Höhe insgesamt zu verstellen. Stellen Sie den Steg zunächst ganz niedrig ein und dann höher, bis die Saiten nicht mehr schnarren. Erhöhen Sie den Saitenabstand Woche für Woche, bis Sie die ideale Saitenlage gefunden haben.
Kann die Steghöhe nicht verstellt werden (bei der Konzertgitarre), müssen Sie den weißen Streifen (den Steg) herausnehmen und an der Unterseite abfeilen. Bedenken Sie aber, daß die Baßsaiten mehr Schwingungsspielraum brauchen. Deren Seite des Stegs sollte etwas höher liegen.
Es ist üblich, daß die Saiten nicht mehr als einen Millimeter über dem ersten Bund liegen. Liegen die Saiten zu hoch, müssen Sie die Einkerbungen im Sattel mit einer feinen Säge oder einer Nagelfeile vorsichtig vertiefen.

E – Gitarren

Elektrische Gitarren sind sehr viel stabiler gebaut als akustische. Sie können neuerdings Anfertigungen für jeden Geschmack kaufen und sogar Ersatzhälse für einige Modelle.
Der schwächste Punkt an einem nicht so teuren Instrument sind wahrscheinlich die Tonabnehmer. Es ist wirklich einfach, sie durch neue Qualitäts-Marken-Tonabnehmer zu ersetzen. Dazu brauchen Sie nur einen kleinen Lötkolben. Die »Pick-Ups« sollten so dicht unter den Saiten eingesetzt werden, daß sie die Saiten gerade nicht am Schwingen hindern.
Genauso einfach ist es, neue Lautstärke- und Klangregler zu kaufen und einzubauen.
Hat das Instrument keinen individuell verstellbaren Steg, gibt es heute verschiedene Ausführungen auf dem Markt, die diese Voraussetzung erfüllen.
Andere leicht austauschbare Teile sind das Schlagbrett, Stimmechaniken und Saitenhalter.

Gibson
Les Paul
CUSTOM

Anfänge der Spieltechnik

So hält man die Gitarre richtig.

Seit dem sprunghaften Anstieg des Platten- und Kassettenumsatzes während der 60er und frühen 70er Jahre sind viele begabte und nachahmenswerte Gitarristen in Erscheinung getreten. In vielen Fällen waren sie Autodidakten und haben die Ausdrucksmöglichkeiten des Instruments beträchtlich erweitert. Hunderte von neuen Spielweisen haben sich herauskristallisiert durch die Nichtbeachtung von Regeln, die von den Konzertgitarristen im Laufe der Jahrhunderte entwickelt wurden. Heute können wir diese Neuerungen mit der klassischen Technik kombinieren, um das Bestmögliche für Instrument und Spieler herauszuholen.

Die richtige Haltung

Die besten Gitarristen halten alle das Instrument in annähernd der gleichen Art, ob sie nun sitzen oder stehen. Vergessen Sie mal für einen Moment die wilden Bewegungen des Rock-Stars, dessen Spieltechnik zuzeiten von seiner Show eingeschränkt wird. Die beste Anfängerhaltung ist immer noch die von klassisch ausgebildeten Gitarristen. Setzen Sie sich auf einen normalen Stuhl und stellen Ihren Fuß auf einen Stapel Bücher von etwa 15 cm Höhe. Die Gitarre legen Sie mit der Einbuchtung des Korpus, der »Taille«, auf das linke Bein. Spreizen Sie leicht die Beine und stützen Sie die Gitarre so mit dem rechten Bein, daß sie mit dem aufrechten Oberkörper einen 45°-Winkel bildet, das Wirbelbrett etwa auf der Höhe Ihres Kopfes.

In dieser Haltung sollten Sie mit etwas Übung die Hände von der Gitarre nehmen können, ohne daß sie sich bewegt. Denn die Hände brauchen Sie ja zum Spielen.

Linke Hand

Halten Sie den Oberkörper gerade und beugen sich nach Möglichkeit nicht über das Instrument. Setzen Sie den Daumenballen auf die Rückseite des Halses, genau in die Mitte hinter dem 5. Bund. Den ersten Finger drücken Sie, nach Möglichkeit im rechten Winkel zum Griffbrett, kurz hinter den 5. Bund der obersten Saite (hohe E-Saite). Den zweiten Finger setzen Sie in der gleichen Art kurz hinter den 6. Bund der zweiten Saite (H-Seite). Nun noch das Gleiche mit dem dritten Finger am 7. Bund auf der dritten Saite (G-Saite).

Wahrscheinlich werden Sie feststellen, daß sich Ihre Finger leicht in Richtung zum Sattel neigen. Beugen Sie Ihren Ellbogen nach außen, so daß der Unterarm einen rechten Winkel mit dem Hals bildet. Sofern die Hand nicht verrutscht ist und die oberen drei Saiten klingen, wenn Sie mit einem Fingernagel darüberstreifen, haben Sie jetzt die Grundstellung der linken Hand gefunden.

Rutschen Sie jetzt mit der ganzen Hand runter auf den ersten Bund, wobei Sie Ihren Ellbogen in etwa der gleichen Haltung belassen. Die Fingerspreizung muß hier etwas größer sein. Versuchen Sie aber die Finger so senkrecht wie möglich zu halten und den Daumen in der Mitte der Halsrückseite. Verfallen Sie nicht in den Fehler, den Gitarrenhals in der Handfläche ruhen zu lassen. Denn der Muskel im Daumen schafft erst die Voraussetzung für den kräftigen Griff auf die Saiten. Das einzige Problem, das Sie noch mit der linken Hand haben könnten, sind lange Fingernägel. Schneiden Sie sie kurz.

Rechte Hand

Sie werden zuerst das Spiel mit dem Daumen und den ersten drei Fingern lernen. Meistens zupft der Daumen auf den 3 Baßsaiten, und die Finger nehmen je eine hohe Saite.

Der Unterarm ruht so auf den Zargen oberhalb des Stegs, daß die Hand ganz locker über das Klangloch fällt. Die Finger stehen rechtwinklig zur Handfläche und zeigen auf Sie zurück. Die Fingernägel dieser Hand dürfen mäßig lang sein. Den ersten Finger auf die G-Saite, den zweiten auf die H-Saite und den dritten auf die hohe E-Saite. Der

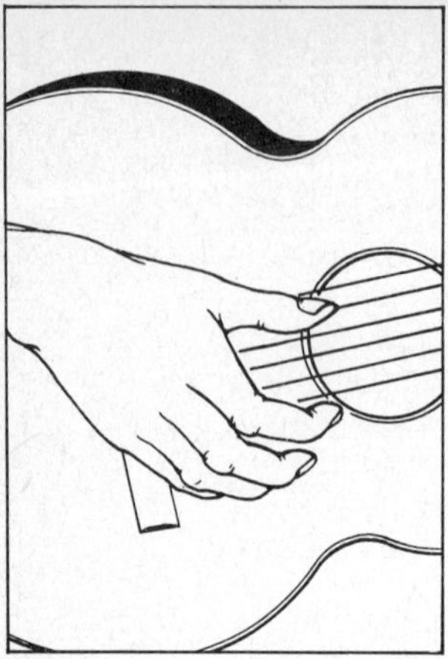

Die rechte Hand sollte mit keinem Teil die Gitarrendecke berühren, da dies den Klang stumpf werden läßt.

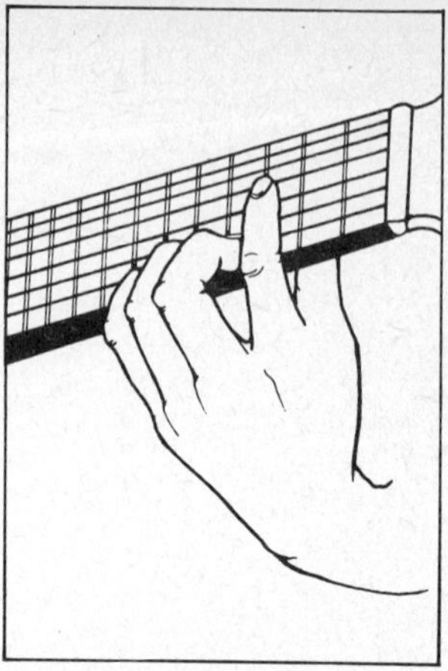

Die richtige Haltung der linken Hand ist zunächst ziemlich schmerzhaft, aber nur so lange, bis die entsprechenden Muskeln richtig ausgebildet worden sind.

Daumen streicht leicht über die drei Baßsaiten zu den hohen Saiten hin.

Die Bewegung sollte eher einer Zange ähnlich sehen als einer Klaue. Größte Klangfülle erreichen Sie, wenn Sie Daumen oder Finger nach dem Anzupfen leicht nachdrücken, so daß sie auf der nächsten Saite zur Ruhe kommen. Das wird Ihnen zunächst sehr schwierig vorkommen. Beim gleichzeitigen Anreißen der drei hohen Saiten zum Beispiel ist es unmöglich, die Finger auf den nachfolgenden Saiten ruhen zu lassen: zwei Saiten würden ja damit abgedämpft.

Deswegen muß man zu einem Kompromiß kommen, der ein Mittelding zwischen Zangen- und Klauenbewegung ist. Machen Sie sich darüber nicht allzuviele Gedanken. Spielen Sie nur alles so klangstark wie möglich; dann wird Ihr Spiel nie ohne den gewissen Biß sein.

Einen härteren, mehr schneidenden Klang können Sie erreichen, indem Sie den rechten Arm insgesamt etwas zur Seite ziehen, so daß Sie nahe am Steg anschlagen. Wenn Sie Ihre Hand in die entgegengesetzte Richtung über das Griffbrett bringen, erzeugen Sie einen weicheren, mehr flötenähnlichen Klang.

Einstimmen

Sie können Ihre Gitarre nach jedem Instrument, das einen gleichmäßigen Ton erzeugt, einstimmen. Nach Stimmpfeifen läßt sich schwierig einstimmen. Denn sie erzeugen ei-

nen holzbläserähnlichen Klang, der teilweise im eigenen Kopf mitklingt und schwierig mit einer gezupften Saite zu vergleichen ist.
Kaufen Sie sich eine Stimmgabel die auf A (= 440 Hertz) eingestimmt ist. Die halten sie am Griff, schlagen mit der Gabel kräftig aufs Knie und drücken das Griffende gegen den Steg. Dieses A liegt eine Oktave höher als die leere A-Saite. Zupfen Sie die Saite mit einem Finger der linken Hand. Mein Vorschlag: Entspannen Sie die Saite ein wenig, zupfen sie an und spannen sie wieder, bis die beiden Töne eine Oktave auseinander klingen. Sobald Sie der Oktave näherkommen, aber nicht völlig übereingestimmt haben, müßten Sie die »Schwebungen« hören – eine Art schwingendes Summen. Diese Schwebungen verschwinden, sobald die Töne exakt übereinstimmen.
Nach derselben Methode der Oktavestimmung spielen Sie den 2. Bund auf der jetzt gestimmten A-Saite und stimmen die H-Saite eine Oktave höher. Auf dem 3. Bund dieser Saite klingt ein D eine Oktave über dem der leeren D-Saite. Auf dem 2. Bund der D-Saite ist das E, das zwischen tiefer und hoher E-Saite liegt. Der 3. Bund auf diesen beiden jeweils liefert ein G, nach dem man die leere G-Saite stimmen kann.
Dieses Oktavesystem ist nicht der einzige Weg, eine Gitarre zu stimmen. Die graphische Darstellung unten zeigt Ihnen, wo Sie auf dem Griffbrett die Töne finden, die Ihnen direkt die Tonhöhe der leeren Saiten liefern.

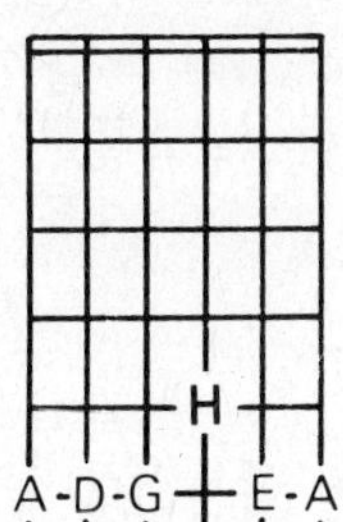

Flageoletts

Sie können eine Gitarre auch nach den natürlichen »Flageoletts« einstimmen. Das sind glockenähnlich klingende Töne. Sie werden erzeugt, indem man einen Finger der linken Hand leicht auf die Saite aufsetzt und ihn gleichzeitig mit dem Anzupfen der Saite wegzieht. Die klangstärksten Flageoletts finden Sie exakt über dem 5., 7. und 12. Bund.
Legen Sie eine Fingerspitze leicht auf die tiefe E-Saite über dem fünften Bund. Beim Anzupfen erklingt ein E zwei Oktaven über der leeren Saite. Dasselbe E erzeugt man auf dem siebten Bund der A-Saite. Das Schöne an dieser Methode ist, daß man mit etwas Übung die beiden Flageoletts durchklingen lassen kann. Dabei wird die zu stimmende Saite der anderen angepaßt. (Hören Sie dabei wieder auf die Schwebungen.)
Mit derselben Methode können auch die anderen Saiten gestimmt werden mit Ausnahme der H-Saite. Die steht eine große Terz über der G-

Saite anstelle einer Quart. (Quart = der Tonabstand zwischen den übrigen aufeinanderfolgenden Saiten.) Versuchen Sie das etwas schwierige Flageolett auf dem 4. Bund der G-Saite zu finden, und es klingt ein H. Um die H-Saite zu stimmen, vergleichen Sie es mit dem Flageolett auf dem 5. Bund der H-Saite.

Gewöhnung an das Instrument

Nachdem Sie das Instrument richtig zu halten und zu stimmen gelernt haben, werden Sie jetzt vielleicht einige Bedenken gegen seine Spielbarkeit haben. Sie müssen sich mit der Tatsache abfinden, daß das Drücken der Saiten für einige Zeit etwas schmerzhaft sein wird. Besonders Stahlsaiten schneiden in die Fingerkuppen ein. Die Muskeln Ihres Oberarms, Daumens und der Finger werden spürbar weh tun. Eine Gitarre braucht eine angemessen hohe Saitenlage für ihre Klangfülle und damit die Saiten nicht an den Bünden schnarren. Auf jeden Fall sollten sie an ihrer höchsten Stelle nicht mehr als 6 mm Abstand von der Kuppe der Bünde haben. Falls Ihnen die Saiten Ihrer Gitarre höher zu liegen scheinen, sollten Sie den Saitenabstand verringern (siehe Seite 28).

Schwierigkeiten mit dem Stimmen können Sie dadurch haben, daß die Saiten in den Kerben des Sattels hängenbleiben. Das kann leicht mit etwas Graphit von einem angespitzten Bleistift behoben werden.

Schnarrende Geräusche, die nicht durch schlechtes Spielen verursacht werden, haben ihre Ursache oft in nicht abgeschnittenen Saitenenden oder in losen Schrauben, meistens in den Stimmechaniken.

Stimmprobleme

Wenn Sie beim Stimmen nach der Methode des Diagramms auf Unstimmigkeiten zwischen Tönen stoßen, die eigentlich gleich klingen sollten, kann der Fehler in der Lage des Stegs liegen. Vergleichen Sie die Flageoletts auf dem 12. Bund mit den gegriffenen Tönen auf diesem Bund. Oft kann man den Steg verstellen, bis beide Töne gleich klingen. Läßt sich der Steg nicht verstellen und die Saiten sind neu, schauen Sie, ob sich nicht vielleicht der Sattel vom Ende des Griffbretts weg verschoben hat. Es ist auch möglich, daß die Einkerbungen im Sattel zu eng sind.

Grundlagen der Musik

Nachdem Sie die Gitarre eingestimmt haben, wäre es ganz schön, direkt mit einem kleinen Musikstück zu beginnen. Aber zuvor sollten Sie sich noch ein wenig über Musik und musikalische Notation informieren. Das schreckt Anfänger ohne Vorkenntnisse manchmal ab, obwohl dazu kein Grund besteht. Denn Musikmachen ist wirklich eine einfache Sache. Wenn Sie sich im Kopf eine Melodie vorstellen können, können Sie sie nach einiger Übung auch auf der Gitarre zupfen. Sobald Sie weitere Fortschritte machen, können Sie auch schwierigere Stücke spielen.

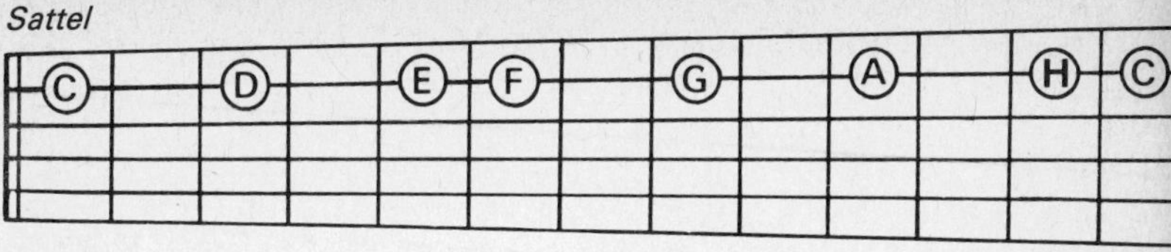

C-Dur Tonleiter auf der H-Saite

Dennoch, wenn man über Musik sprechen oder schreiben will, braucht man ein besonderes Vokabular. An die Namen der meisten Töne haben Sie sich ja bereits gewöhnt. Sie sind Töne der C-Dur-Tonleiter, gespielt auf der H-Saite, wie im Diagramm oben auf der Seite abgebildet.

Sie sehen, daß in dieser Tonleiter einige Töne ausgelassen sind. Alle diese Töne nennt man erhöht, wenn sie nach dem darunterliegenden Ton benannt sind; oder erniedrigt, wenn sie nach dem darüberliegenden Ton benannt sind.

Als Zeichen der Erhöhung bekommen die Töne ein -is angehängt. Beispiel: Aus C wird Cis, aus D wird Dis usw. Als Zeichen der Erniedrigung hängt man ein -es an. Beispiel: Aus C wird Ces, aus D wird Des usw. Ausnahmen: Aus E wird Es, aus A wird As und aus H wird B.

Wie Sie im Schaubild sehen können, gibt es zwischen fast allen Tönen erhöhte und erniedrigte Zwischentöne. Den Abstand zwischen zwei Noten nennt man ein Intervall. Das Intervall zwischen zwei Tönen wie C und D oder D und E ist ein Ganzton. Das Intervall zwischen Tönen auf nebeneinanderliegenden Bünden ist ein Halbton.

Die C-Dur-Tonleiter besteht, wie im Diagramm ersichtlich, aus Ganztonschritten mit zwei Ausnahmen: Die Intervalle zwischen E und F und zwischen H und C sind Halbtöne.

Wenn Sie versuchen, diese Tonleiter auf der H-Saite zu spielen, ist das für Anfänger ein schwieriges Unterfangen: Die linke Hand muß von einem Ende des Griffbretts ganz zum anderen Ende rutschen. Deswegen hier noch einmal die gleiche Tonleiter so gelegt, daß Sie zwei Oktaven in einer Lage spielen können.

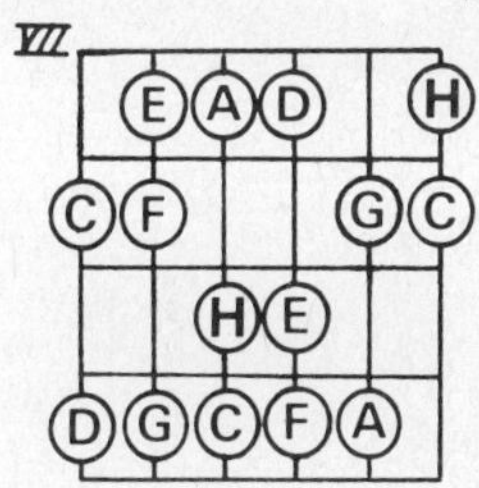

Üben Sie diese Tonleiter unbedingt aufwärts und abwärts. Versuchen Sie dann immer vier Töne aufwärts zu spielen, drei Töne zurück und so fort. Dann versuchen Sie das ganze abwärts. Auf diese Art von Läufen bauen viele Rock- und Popmusiker ihre Solos auf. Nehmen Sie dabei

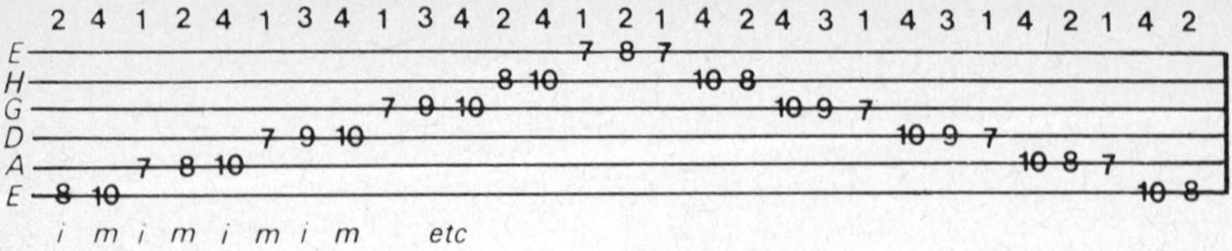

C-Dur Tonleiter in Tabulatur

Die Tabulatur ist eine einfache Form, Musik für Gitarre aufzuschreiben. Die Linien entsprechen den Saiten der Gitarre und die Zahlen den Bünden.

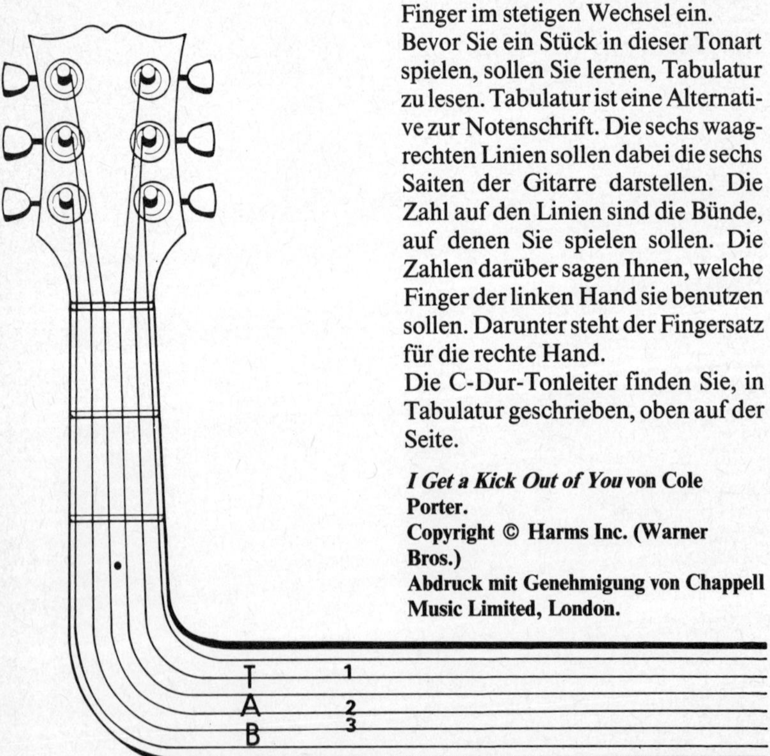

immer für alle Töne auf dem 7. Bund den ersten Finger, den zweiten Finger für alle Töne auf dem 8. Bund und so weiter.
Wenn Sie mit der rechten Hand ein etwas flüssigeres Spiel erzielen wollen, ohne dabei ein Plektrum zu benutzen, setzen Sie die ersten beiden Finger im stetigen Wechsel ein.
Bevor Sie ein Stück in dieser Tonart spielen, sollen Sie lernen, Tabulatur zu lesen. Tabulatur ist eine Alternative zur Notenschrift. Die sechs waagrechten Linien sollen dabei die sechs Saiten der Gitarre darstellen. Die Zahl auf den Linien sind die Bünde, auf denen Sie spielen sollen. Die Zahlen darüber sagen Ihnen, welche Finger der linken Hand sie benutzen sollen. Darunter steht der Fingersatz für die rechte Hand.
Die C-Dur-Tonleiter finden Sie, in Tabulatur geschrieben, oben auf der Seite.

I Get a Kick Out of You **von Cole Porter.**

I Get A Kick Out Of You

Cole Porter

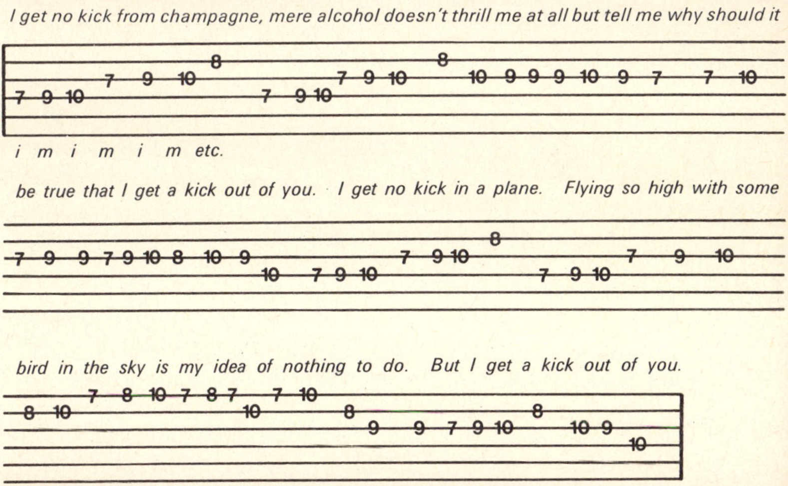

Und nun zu Ihrem ersten Stück, in dem Sie Teile dieser Tonleiter verwenden: Versuchen Sie Cole Porters *I Get A Kick Out Of You* nach der Tabulatur zu spielen. Der Mittelteil ist zunächst weggelassen, weil er in eine andere Tonart moduliert.

Sie können auf dem Griffbrett mit dem Fingersatz von C-Dur-Tonleitern in jeder Tonart spielen. Dazu müssen Sie nur die linke Hand nach oben oder unten verschieben. Der Grundton – der die Tonart festlegt – ist der, auf dem der zweite Finger auf der tiefen E-Saite zu liegen kommt.

Üben Sie die Tonleiter und *I Get A Kick* in A- und G-Dur. Das wird Sie zwingen, die Finger mehr zu spreizen.

Plagen Sie sich an diesem Punkt noch nicht zu sehr mit dem Fingerwechsel der rechten Hand. Das abwechselnde Spiel mit Zeige- und Mittelfinger ist kein unumstößliches Gesetz. Unter Umständen kann es einfacher sein, mit demselben Finger zweimal zu zupfen: zum Beispiel, wenn Sie im Melodiefluß auf eine tiefere Saite heruntergehen.

Moll-Tonleiter

Es gibt insgesamt sieben verschiedene Tonleitern oder musikalische Tongeschlechter. Die können Sie herausfinden, indem Sie die C-Dur-Tonleiter auf anderen als der ersten Stufe zu spielen beginnen. Dann liegen die das Tongeschlecht bestimmenden Halbtonschritte anders.

Wenn Sie die Skala auf A beginnen, stoßen Sie auf die aeolische Tonleiter, die sehr eng mit der moll-Tonleiter verwandt ist. Hier liegen die Halbtonschritte zwischen dem zweiten und dritten, sowie fünften und sechsten Ton. Aber wenn man in diesem Tongeschlecht komponiert, spürt man sehr schnell das Fehlen eines »Leittones«. Ein Leitton ist der einen Halbton unter der Tonika,dem Grundton, liegende Ton. Im Verlauf der letzten Jahrhunderte hat er in der abendländischen Musik eine wichtige Rolle gespielt. In der Folge wurde es daher allgemein üblich, den Halbtonschritt beim Aufwärtsgehen zwischen siebten und achten Ton, beim Abwärtsgehen zwischen sechsten und fünften Ton zu legen (= melodisch moll).

Oben auf Seite 39 sehen Sie eine a-moll-Tonleiter in Tabulatur. Sie birgt mehr Schwierigkeiten als die Dur-Tonleiter, und ich empfehle Ihnen, zunächst nur die obere Oktave zu üben, bis Sie sich mit Ihrem Instrument noch mehr vertraut gemacht haben.

An dieser Stelle sollen noch zwei Hinweise zum Fingersatz gegeben werden. Beide ergeben sich aus der Tatsache, daß man die moll-Tonleiter nicht ohne Lagenwechsel spielen kann.

Beim Wechsel vom D zum E in der unteren Oktave ist es erforderlich, den vierten Finger anstelle des dritten zu nehmen, damit der erste Finger bequem das Fis auf dem vierten Bund der nächsthöheren Saite erreichen kann. Und beim Abwärtsspielen der unteren Oktave greifen Sie das G mit dem ersten anstelle des zweiten Fingers, um das folgende F

Tonleiter in a-moll

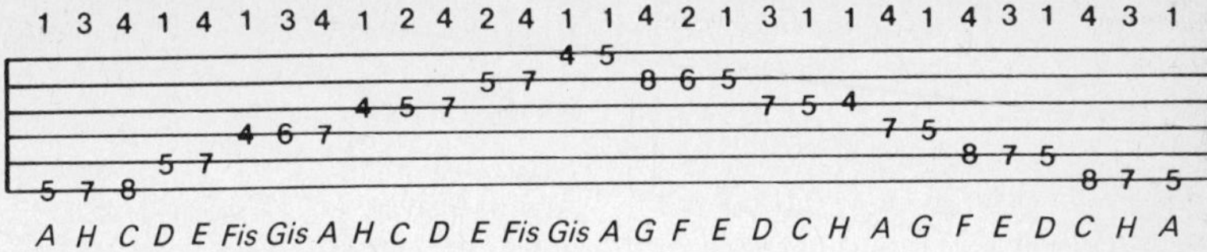

auf der nächsttieferen Saite mit dem vierten Finger spielen zu können. Außerdem werden die beiden letzten Töne der Tonleiter aufwärts jeweils mit dem ersten Finger gegriffen – sonst kann man nicht den vierten Finger auf das darauffolgende G setzen. Und dann müssen Sie noch bei der oberen Tonleiter abwärts mit dem Finger von C auf H einen Bund herunterrutschen.

Sie werden bald merken, daß dieser spezielle Lagenwechsel für Sie von untergeordneter Bedeutung wird. Wenn Sie sich selbst Stücke erarbeiten, werden Sie oft auf Stellen stoßen, an denen kein flüssiger Wechsel von Note zu Note möglich ist. Dann müssen Sie zunächst den Fingersatz einer ganzen Passage überdenken, bevor Sie an einer schwierigen Stelle weiterkommen.

Unten auf dieser Seite ist ein kleiner Ausschnitt aus Rimski-Korssakoff's *Scheherazade,* bei dem man ohne viele Lagenwechsel auskommt. Die Melodie gibt ein schönes Solo für Elektro-Gitarre, wenn man sie mit viel Sustain und einem Rock-Rhythmus dahinter spielt. (Sustain ist das oft mit Verzerrungen und Rückkopplung – oder einem Kompressor – erzeugte fette Nachklingen eines Tones.)

Die rhythmische Verteilung der Notenwerte – das Timing (sprich: taiming) – ist bei diesem Stück etwas ungewöhnlich. Aber da wir uns

Scheherazade

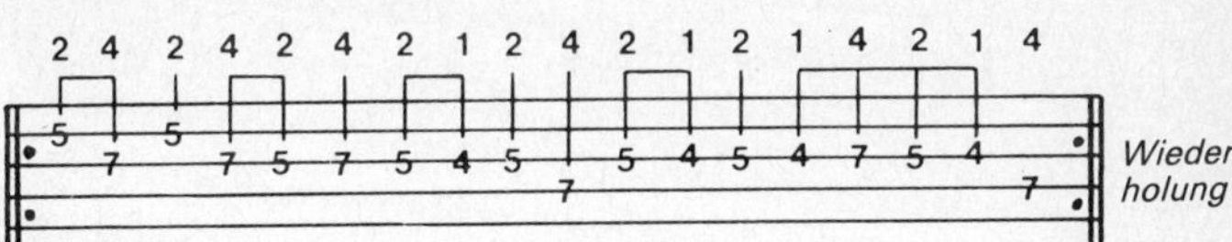

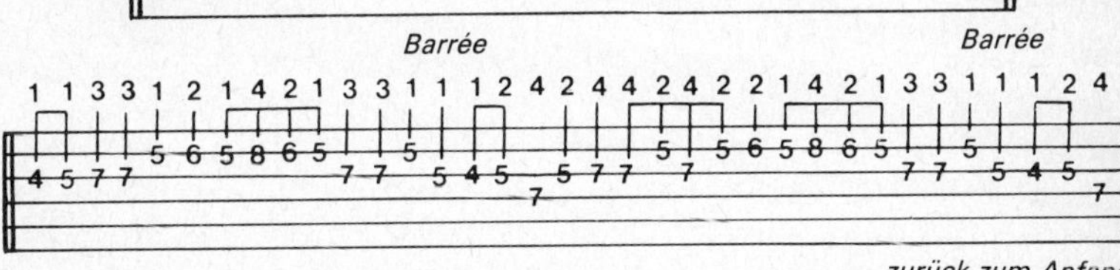

noch nicht mit Notenwerten beschäftigt haben, müssen wir die Melodie einfach mal als bekannt voraussetzen.
Zwei Stellen sind mit »Barrée« bezeichnet. Dort müssen aufeinanderfolgende Noten auf verschiedene Saiten mit demselben Finger der linken Hand gegriffen werden. Die einfachste Lösung ist, den Finger flach über beide Saiten zu legen. Das geht mit dem ersten Finger ziemlich leicht. In beiden Fällen muß man mit dem Finger gleich anschließend einen Bund tiefer rutschen, um den nächsten Ton zu greifen.

Ratschläge zum Fingersatz

Der musikalische Vortrag basiert zu einem großen Teil auf einer Sache, die man »Feeling« nennt. In der klassischen Musik wird vieles davon durch das Notenbild vorgegeben. Schritt für Schritt werden Sie viele Spieltechniken lernen, mit deren Hilfe Sie mehr Gefühl in Ihre Interpretation legen können. Zunächst ist dazu ein flüssiges Spiel erforderlich. Das sollte sich ergeben, nachdem Sie ein Stück mehrere Male durchgespielt haben. Der Trick dabei ist, die nächste Note bereits zu greifen oder vorzubereiten, während die gerade gespielte noch klingt. Manchmal ist es sogar notwendig, drei oder mehr Töne im voraus zu greifen.
Während der nächste Finger seinen Platz sucht, sollte keine Pause entstehen. Auch sollten keine Töne weiterklingen, die nicht mehr gebraucht werden. Ganz allgemein: Sobald Sie einen neuen Ton anschlagen, sollten Sie den Finger vom Bund des vorhergehenden Tons abheben.
Falls Sie mit den Fingerspreizungen in a-moll noch nicht fertig werden, versetzen Sie einfach die linke Hand zwei Bünde aufwärts (in Richtung Schalloch) nach h-moll, oder drei Bünde aufwärts nach c-moll. Dort liegen die Bünde dichter beieinander. Dann können Sie, Ihren Fortschritten entsprechend, Bund für Bund wieder abwärts gehen – bis Sie die schlimmsten Schwierigkeiten meistern können.

Akkordaufbau

Nachdem wir einiges über Tonleitern gelernt haben, wenden wir uns jetzt der Harmonielehre zu: dem Zusammenklang von zwei oder mehr verschiedenen Tönen. In unserer Zeit hat sich das Ohr an Akkordzusammensetzungen gewöhnt, die früher für unharmonisch gehalten wurden. Aber der einfachste Weg, in die Harmonielehre einzudringen, geht über Tonkombinationen, die einen offensichtlichen Wohlklang erzeugen. Glücklicherweise sind die ganz klar definiert. Die gefälligsten »Harmonien« für jede Note sind der dritte und fünfte Ton seiner Tonleiter. In C-Dur – C D E F G A H C – ist der dritte Ton über C das E. Sie können beide zusammen anschlagen, wenn Sie C auf dem dritten Bund der A-Saite und E auf dem zweiten Bund der D-Saite greifen. Der fünfte Ton ist das G auf der leeren G-Saite. Diese Kombination von drei Tönen bezeichnet man als Dur-Dreiklang.

Die Töne können auch in zwei anderen Reihenfolgen gespielt werden, die man als »Umkehrungen« bezeichnet. Die erste Umkehrung hat das E anstelle des C als tiefsten Ton. Daraus ergibt sich der Dreiklang EGC. Um ihn zu spielen, schlägt man das E auf der D-Saite, die leere G-Saite und das C auf dem ersten Bund der H-Saite gleichzeitig an. Die zweite Umkehrung heißt GCE. Lassen Sie die Finger der linken Hand in derselben Position und schlagen Sie nur die oberen drei Saiten an. So spielen Sie die zweite Umkehrung. Wenn Sie alle für die drei Umkehrungen benötigten Finger aufsetzen, können Sie alle 6 Saiten für einen ganzen Akkord anschlagen. Aber Sie werden feststellen,

C-Dur

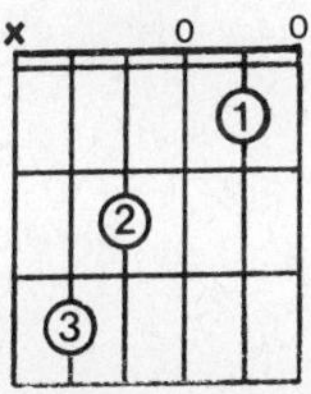

daß die Terz im Akkord durch die leere tiefe E-Saite zu stark betont wird. Es ist üblich, entweder die leere E-Saite abzustoppen oder das G auf ihrem dritten Bund zu drücken. Damit haben Sie zwei verschiedene Griffarten für den C-Dur-Akkord.

C-Dur

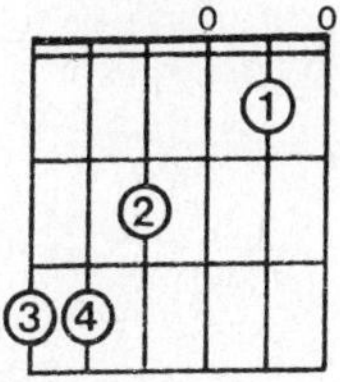

Die Moll-Akkorde

Sie werden genau wie die Dur-Akkorde aufgebaut – mit einer Ausnahme: Die Moll-Terz liegt einen Halbton tiefer als die Dur-Terz. Jeder Dur-Akkord kann in einen Moll-Akkord verwandelt werden, indem man einfach die Terz um einen Halbton erniedrigt.

Die A-Dur-Tonleiter hat die Töne: A H Cis D E Fis Gis A. Der erste, dritte und fünfte Ton ist A, Cis und E. Daraus folgt, daß wir den A-Dur-Akkord so spielen können:

A-Dur

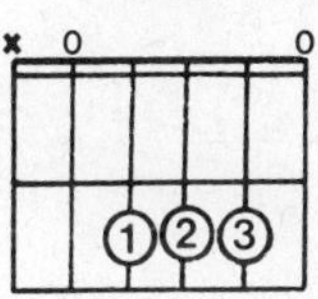

Die melodische Moll-Tonleiter geht: A H C D E Fis Gis A aufwärts, und abwärts hat sie F und G anstelle des Fis und Gis. Sie sehen auf jeden Fall, daß der A-moll-Akkord genau gleich aufgebaut ist mit Ausnahme des Cis: Das wird um ei-

Am

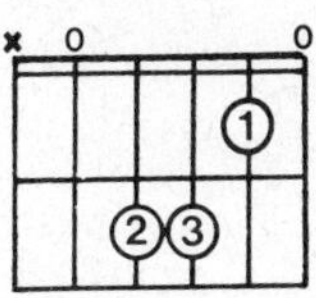

nen Halbton nach C erniedrigt. Zwangsläufig muß damit auch der Fingersatz geändert werden.

Andere Akkorde

An diesen grundlegenden Akkorden kann man alles mögliche ändern und sich so eine Vielfalt von verschiedenen Griffen schaffen. Man kann Töne erniedrigen oder erhöhen, oder andere Töne hinzufügen. Die hinzugefügten Töne nennt man Sekunde, Terz, Septime usw. – entsprechend ihrem Abstand vom Grundton der Tonart. In A-Dur z. B. ist Cis die Terz (3), Fis die Sexte (6) und H die None (9). So ist A 9 zusammengesetzt aus dem A-Dur-Dreiklang und dem H, der hinzugefügten None. Der Akkord A 6 ist der A-Dur-Dreiklang mit hinzugefügter Sexte, dem Fis. Immer wenn der Begriff »Dur« oder ein großer Buchstabe verwendet wird, bezieht es sich auf den entsprechenden Ton in der Dur-Tonleiter. Wenn der Begriff »moll« oder ein kleiner Buchstabe verwendet wird, bezieht es sich auf den entsprechenden Ton im harmonischen moll.

Der Ausdruck »vermindert« bedeutet, daß ein Ton erniedrigt wird. »Übermäßig« bedeutet, daß er erhöht wird.

Die Sept-Akkorde

Eine Art von Akkorden bedarf noch einer zusätzlichen Erläuterung: Die Sept-Akkorde.

Schauen Sie sich nochmal den A-Dur-Akkord an. Der siebte Ton der Leiter ist Gis. Daraus folgt: A maj 7 (auch: Aj7) wird einfach aufgebaut, indem man dem Grund-Dreiklang ein Gis hinzufügt. Dieser Akkord wird meistens so gegriffen:

Amaj7

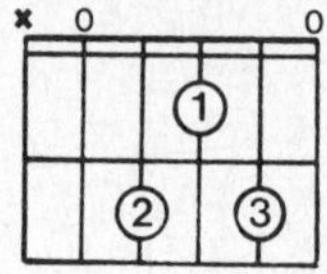

Aber dieser sehr gefällige Akkord ist nicht der gebräuchlichste Sept-Akkord, sondern der mit der kleinen Septim. Die kleine Septim in A-Dur ist G, das Sie zum Grund-Dreiklang hinzufügen.

A7

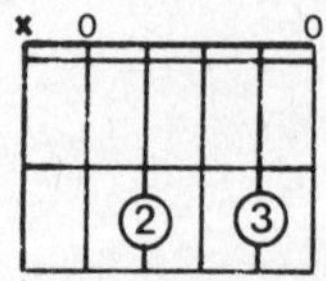

Genau ausgedrückt heißt dieser Griff A-Dur mit kleiner Septim, eine etwas lange Bezeichnung für einen so gebräuchlichen Akkord. Deshalb wird er normalerweise einfach A7 genannt. Im Unterschied dazu ist Am^7 (auch: a^7) der a-moll-Dreiklang mit zugefügter kleiner Septim.

Am7

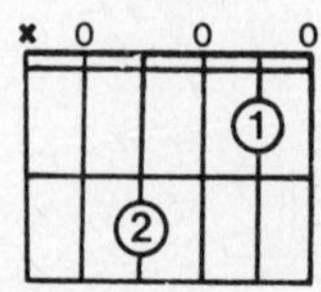

Mick Jones, Solo-Gitarrist der Gruppe The Clash. Punk-Musik basiert zum größten Teil auf drei Harmonien. Es zeichnet sich aber inzwischen eine Weiterentwicklung ab.

Akkord-Begleitung

Drei verschiedene Spielarten auf der Gitarre sind das Solo-Melodiespiel, durchgehende rhythmische Begleitung und eine Kombination aus beiden. Die rhythmische Begleitung ist ein angenehmer und einfacher Weg sich mit dem Gitarrenspielen anzufreunden.

An dieser Stelle sollen Sie jetzt etwas über Zeitmaß und Takteinteilung erfahren. Pop- und Rockmusik hat einen gut erkennbaren »Beat«. Aus diesem Grund wurde sie ja auch eine zeitlang Beatmusik genannt. Nahezu jede Musik hat ein charakteristisches, rhythmisches Muster; eine Kombination von »Schlägen« (= »beats«), die immer und immer wiederholt wird. Diese Kombination von Schlägen nennt man einen Takt. Üblicherweise sind nur zwei, drei oder vier Schläge in einem Takt. Sechs Schläge kommen auch noch häufig vor, aber fünf, sieben, neun oder zwölf Schläge pro Takt sind ziemlich selten. Der Walzer-Takt hat drei Schläge, die von der Betonung her wie Bum-Cha-Cha klingen. Marschmusik hat nur zwei Schläge pro Takt. Der größte Teil der Rock-, Pop-, Soul-, Reggae- und Discomusik hat vier Schläge, aber die Betonungen liegen anders. Meistens liegt der Akzent auf dem ersten Schlag mit einer zusätzlichen Betonung auf dem dritten. Discomusik neigt zu einer gleichmäßigen Betonung auf allen vier Schlägen, während Rockmusik die Betonung fast immer auf dem zweiten und vierten Schlag hat. Reggae hat einen starken Akzent auf dem vierten Schlag, wobei der dritte kaum hervortritt. Unser *I Get A Kick Out Of You* können wir wie einen Takt mit vier Schlägen behandeln, wobei die Betonung auf dem ersten Schlag liegt.

Die Auswahl der Akkorde

Vielleicht erwarten Sie jetzt, daß Sie bei sieben verschiedenen Tönen in der Dur-Tonleiter auch sieben verschiedene Akkorde zur Begleitung eines Liedes brauchen. Eigentlich haben Sie recht, aber glücklicherweise besteht kein Zwang zur Perfektion. Sie können mit drei oder vier Akkorden auskommen, denn hier beginnt die Harmonielehre ihre eigenen Gesetzmäßigkeiten zu entwickeln. Es gibt eine einfache Regel, um die richtigen Akkorde zu finden, die man manchmal den »Trick mit den drei Akkorden« nennt. Sie basiert auf der Tatsache, daß in jedem Lied drei Töne eine herausragende Funktion haben. Das sind die Tonika oder der Grundton, die Dominante oder der fünfte Ton und die Subdominante oder der vierte Ton (der Leiter). Mit den drei Dur-Akkorden auf diesen Tönen können Sie alle Töne in der Tonleiter begleiten. In C sind diese die C-Dur, F-Dur- und G-Dur-Akkorde. Der Dominant-Sept-Akkord taucht auch ziemlich häufig auf, in diesem Fall G^7.

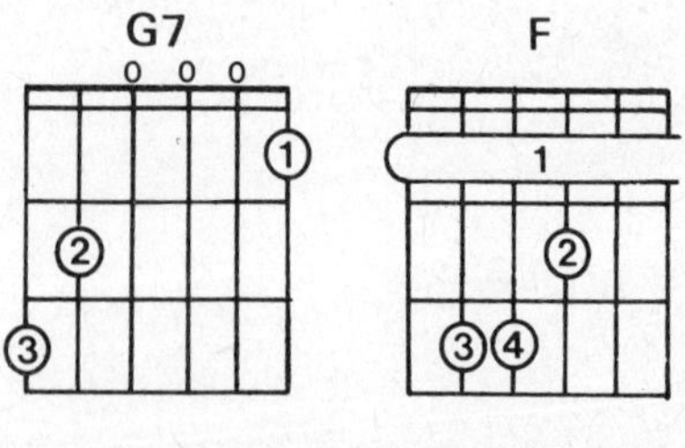

F-Dur ist ein Akkord, den man ziemlich schwer in den Griff bekommt.

I Get A Kick Out Of You **Cole Porter**

F G C C7
I get no kick from cham-pagne
/ ' ' ' / ' ' ' / ' ' ' / ' ' '

F G C C7
mere al - co - hol doesn't thrill me at all but
/ ' ' ' / ' ' ' / ' ' ' / ' ' '

F G7 C C7
tell me why should it be true that
/ ' ' ' / ' ' ' / ' ' ' / ' ' '

F G7 C
I get a kick out of you
/ ' ' ' / ' ' ' / ' ' ' /

Er erfordert einen großen Barrée-Griff auf dem ersten Bund über alle Saiten. Um das *I Get A Kick* begleiten zu können, brauchen Sie nur noch zwei weitere Akkorde: G-Dur und C^7.

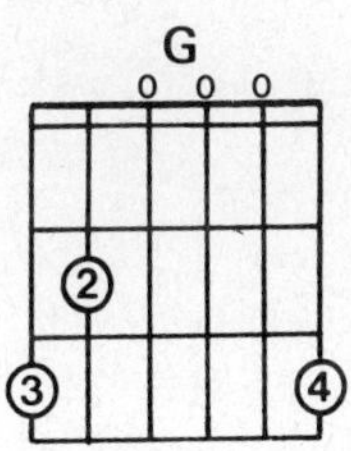

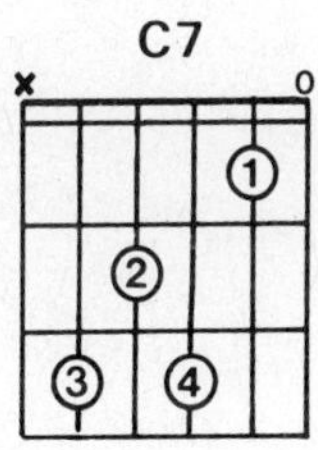

Jetzt können Sie zu dem abgebildeten Akkordschema die Melodie singen. Oder, wenn Sie die technischen Möglichkeiten haben, nehmen Sie die Harmonien mit einem Tonband auf, und dann spielen Sie die Melodielinie darauf.

Noch ein wichtiger Akkord ist auf jeden Fall die moll-Parallele. Bei C-Dur ist das a-moll. Die moll-Parallele wird gleich vorgestellt in dem Harmonieschema, mit dem man den Pop-Song »Sailing« begleiten kann.

C /// C /// Am /// Am /// F /// F /// C /// C ///
G7 /// G7 /// Am /// Am /// G /// G7 /// C ///

Eigene Übungen
Sie haben jetzt eine solide Grundlage und können ein wenig erproben, was Sie gelernt haben.
Zunächst sollten Sie auf die ständig wiederkehrenden Harmoniewendungen in populären Liedern achten, um dann die Griffe und die Melodielinien selbst zupfen zu können. Stellen Sie zum Beispiel mal fest, wieviele Melodien aus den Top Twenty der aktuellen Hitparade Sie spielen können. Wenn Sie an den Harmonieschemata und Soli von Ihren Lieblingsstücken arbeiten, machen Sie sich auf angenehme Art mit dem Gitarrespielen vertraut. Außerdem gibt es Ihnen einen Einblick in die innere Struktur von Musikstükken.
Seien Sie nicht gleich entmutigt, wenn Sie mal auf schwierige Akkordwechsel stoßen. Je mehr Sie üben, desto einfacher werden sie zu spielen sein. Richten Sie Ihr Augenmerk erst mal darauf, einfach durchzukommen. Später können Sie dann Ihre Technik mehr verfeinern und auf stumpf klingende oder schnarrende Saiten achten. Wahrscheinlich werden Sie feststellen, daß dies an einem nicht gut funktionierenden Finger der linken Hand liegt. Entweder ist er nicht dicht genug neben dem Bund aufgesetzt oder er berührt eine der benachbarten Saiten.

Die Konzert-Gitarre

Die Kunst des klassischen Gitarrespiels zu beherrschen, erfordert einen Grad der Hingabe, der auf keinem anderen Gebiet der Gitarrentechnik verlangt wird. Trotzdem haben die meisten Spieler einige klassische Stücke in ihrem Repertoire. Wenn Sie wollen, können Sie diesen Abschnitt getrost übergehen. Aber er kann Ihnen ein tieferes Wissen um das Instrument und ein neu überdachtes Verhältnis zu Folk, Blues, Jazz und Rock vermitteln.
Der bloße Anblick einer Seite voll Punkte und Striche hat schon sehr viele potentielle Spieler davon abgehalten, ein Musikinstrument zu erlernen. Aber obwohl notierte Musik eine sehr unzulängliche Form ist, Klänge auf Papier auszudrücken, hat sie sich doch als die beste bisher erdachte Methode herausgestellt.
Musik wird auf fünf parallelen Linien notiert, die man Noten- oder Liniensystem nennt. Jedes Musikstück wird eröffnet mit einem »Schlüssel«. Gitarrenmusik wird im Violinschlüssel geschrieben, der so aussieht:

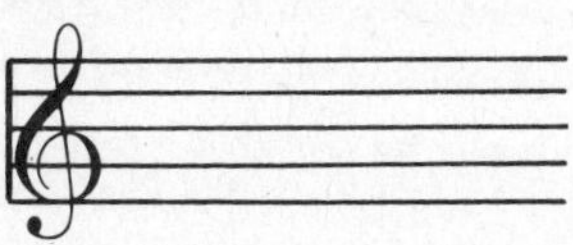

Seine Aufgabe ist es, klar zu definieren, an welcher Stelle im System ein bestimmter Ton zu stehen hat. Außer dem Violinschlüssel gibt es noch den Baßschlüssel für tiefe Instrumente und die linke Hand des Klaviers.
Jede Linie und jeder Zwischenraum steht also für einen bestimmten Ton, den man sich einprägen sollte. F A C E sind die Töne in den Zwischenräumen:

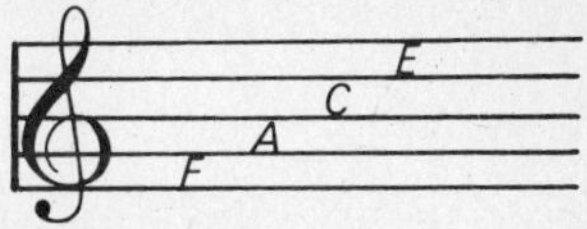

Auf den Linien stehen die Töne E G H D F:

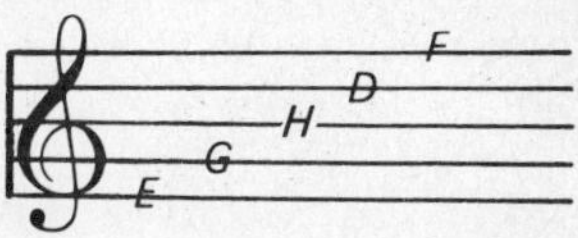

Das ist einfach zu merken anhand des sinnigen Spruchs: **E**ine **G**ans **H**at **D**aunen-**F**edern.
Neben dem Violinschlüssel finden Sie noch eine Angabe über die Taktart und die Vorzeichen für die gewünschte Tonart. Erstere gibt den Rhythmus der Musik an und wird in Form eines Bruchs aufgeschrieben. Zum Beispiel: $^2/_4$ heißt, daß jeder Takt zwei Schläge hat und jeder Schlag eine Viertelnote lang dauert; $^6/_8$ steht für sechs Schläge pro Takt, jeder im Wert einer Achtelnote. Der $^4/_4$ Takt wird auch oft durch ein C symbolisiert.

John Williams ist vielleicht der z. Zt. größte klassische Gitarrist. Er demonstriert hier das korrekte Halten der Gitarre.

Die Noten werden so geschrieben, daß sie in ihrer Dauer klar definiert sind. Der längste Notenwert, der Ihnen begegnen wird, ist die ganze Note. Sie sieht so aus: 𝅝 und klingt vier Schläge lang. Die anderen Notenwerte werden in der Tafel S. 50 gezeigt. Die Lücken zwischen den Noten werden durch Pausen definiert.

Mehrere Achtel- oder Sechzehntel werden oft an ihren Hälsen mit einem oder zwei Querstrichen zusammengefaßt. Der Notenhals kann,

Balken

Notenwerte

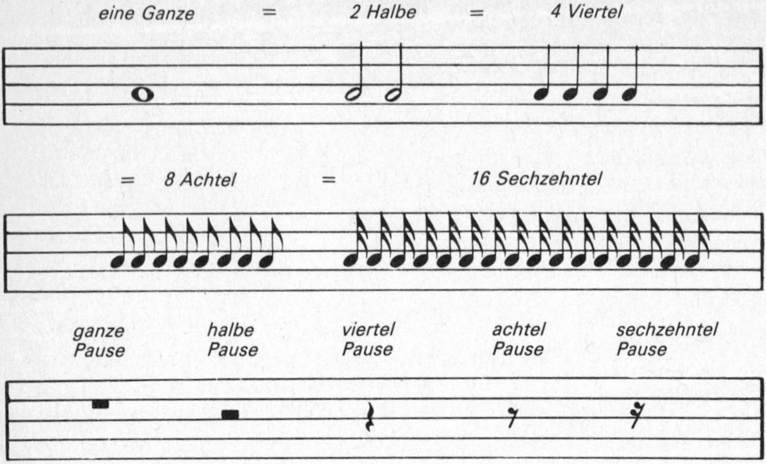

nach dem Gutdünken des Schreibers, nach oben oder unten angehängt werden. In der Gitarrenmusik hat man sich jedoch darauf geeinigt, alle mit dem Daumen gezupften Töne mit dem Hals nach unten zu notieren. Der Fingersatz der rechten Hand wird übrigens nach den Anfangsbuchstaben der italienischen Bezeichnung angegeben. So bedeutet: P der Daumen, i der Zeigefinger, m der Mittelfinger und a der Ringfinger.

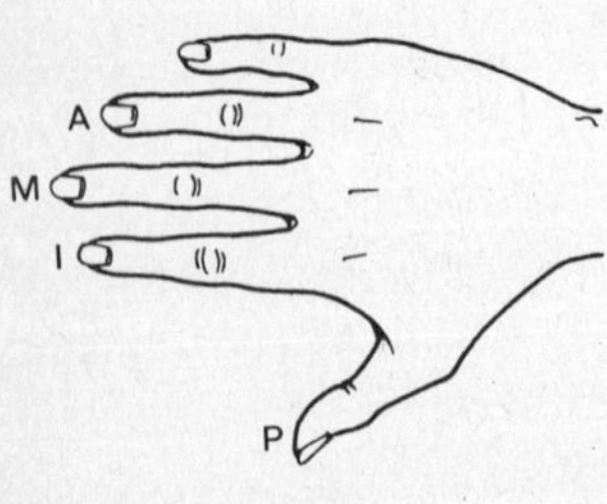

Die generelle Vorzeichnung ist die einzige mit etwas Lernerei verbundene Sache in der geschriebenen Musik. Sie besteht aus einer Anzahl von Kreuzen oder Bes, die am Anfang des Systems notiert werden. Die Tonarten C-Dur und a-moll (die parallele moll-Tonart von C-Dur) haben keine Vorzeichen; aber alle anderen haben welche. Sie müssen feststellen, welche Töne erhöht oder erniedrigt werden, woraus sich die Tonart des Stückes ergibt. Und dann dürfen Sie nicht vergessen, diese Töne das ganze Stück hindurch erhöht oder erniedrigt zu spielen. Die Tonarten, die Ihnen beim Gitarrespielen am meisten begegnen, sind unten aufgeführt. Jeder Ton, der zusätzlich zur generellen Vorzeichnung erhöht oder erniedrigt werden soll, wird »accidental« vorgezeichnet

und mit einem ♯ (Kreuz zum Erhöhen) oder ♭ (Be zum Erniedrigen) versehen. Die accidentale Vorzeichnung gilt für die Dauer eines Taktes; danach verliert sie ihre Gültigkeit. Manchmal wird Ihnen auch dieses Zeichen begegnen: ♮. Es heißt Auflösungszeichen und hebt die generelle Vorzeichnung (oder auch eine accidentale Vorzeichnung im selben Takt) des so markierten Tones für die Dauer eines Taktes auf.
Ein Punkt hinter einer Note sagt Ihnen, daß Sie den Ton um die Hälfte seines Wertes verlängert klingen lassen sollen.
Nur ein Teil der Töne, die Sie auf der Gitarre spielen können, kann innerhalb der fünf Linien des Notensystems untergebracht werden. Die höher und tiefer liegenden Töne werden auf zusätzlichen »Hilfslinien« notiert. Für einen schnellen Überblick sind unten alle natürlichen Töne, die Sie spielen können, aufgezeichnet: Von der tiefen E-Saite bis zum zwölften Bund der hohen E-Saite.

Menuett in G-Dur

Jeder Gitarrist möchte auch mal ein Stück von Bach herunterrasseln. Das Menuett in G-Dur ist eines seiner bekanntesten Stücke und gleichzeitig recht einfach zu spielen. Es hat nur ein Kreuz – Fis – das Ihnen Sor-

Tonart-Vorzeichen

G/Em D/Hm A/Fism E/Cism F/Dm

Kreuze und Bes

Kreuz *Be* *Auflösungszeichen*

Punktierte Notenwerte

Punktiertes Viertel *ist gleich* *Viertel plus Achtel*

Der Tonumfang der Gitarre

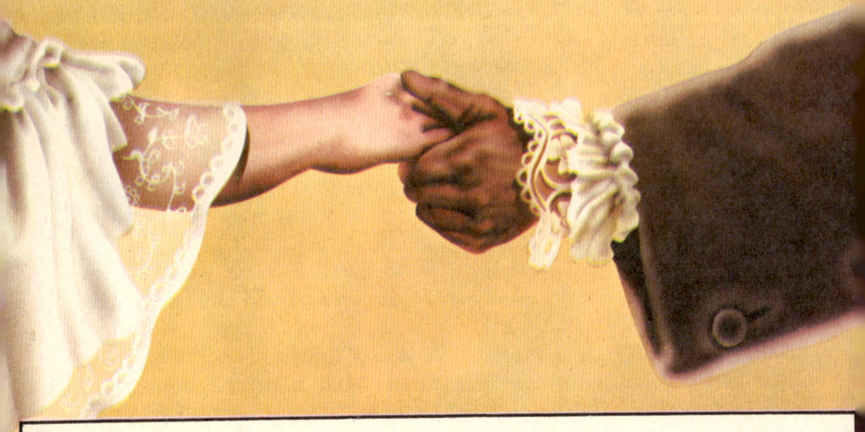

Menuett in G-Dur

J. S. Bach

ge bereiten könnte, bewegt sich ausschließlich in der ersten Lage und ist nur sechzehn Takte lang.
Wie immer bei Bach'schen Werken hat auch das Menuett eine sehr selbständige, bewegte Baßlinie. Je schneller sie das Werk spielen können, desto gefälliger und klarer erkennbar wird diese Baßlinie werden.
Gehen Sie das Stück taktweise an. Nehmen Sie sich Zeit und spielen Sie jeden neu gelernten Takt im Zusammenhang mit den anderen. Wenn Sie es erstmal flüssig durchspielen können, sollten Sie das Tempo während des Stückes nicht ändern. Beenden Sie es im zu Anfang gewählten Tempo und beginnen Sie dann von vorn und etwas schneller. Machen Sie sich ein Zeichen an den Stellen, die nicht so recht laufen und üben Sie diese nicht für sich, sondern mit einigen Takten Anlauf im Zusammenhang.
Ein Übergang wird Ihnen vielleicht Schwierigkeiten machen: Von Takt drei auf Takt vier muß der zweite Finger sehr schnell vom Fis auf der obersten Saite zum H auf der fünften Saite springen. Das ist notwendig, weil der einzige andere Finger, der auf das H wechseln könnte – der erste Finger – gleich zu Beginn des fünften Taktes das C drücken muß.

Finger-Stil-Arten

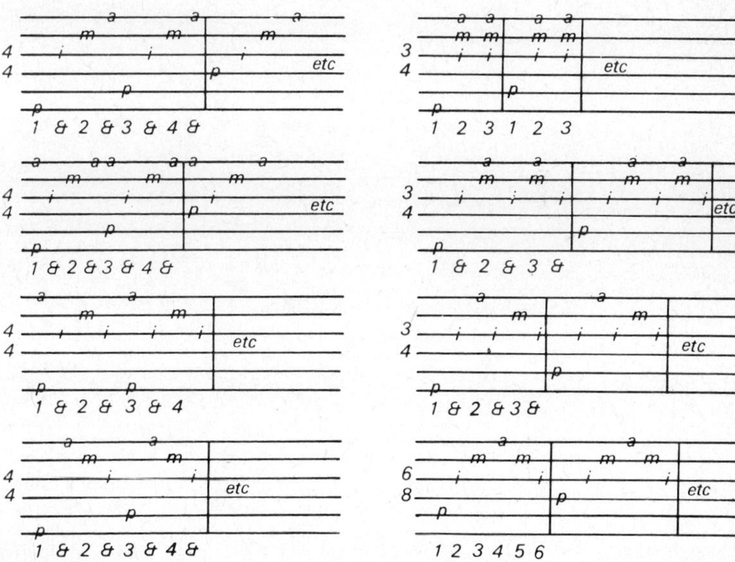

Anleitungen zum Üben

Versuchen Sie, eine Stunde pro Tag zum Üben freizuhalten; wenn es geht, auch mehr. Machen Sie nicht den Fehler, am Sonntagnachmittag drei Stunden zu opfern und dann das Instrument die Woche über nicht anzurühren. Regelmäßiges tägliches Üben ist der einzige Weg, um Finger und Kopf in Form zu halten.

Werden Sie nicht nachlässig. Achten Sie beim Üben immer auf die korrekte Sitzposition – vor allem, beugen Sie sich nicht über das Instrument! Die Finger der linken Hand sollten immer schön dicht hinter den Bünden aufgesetzt werden. Spielen

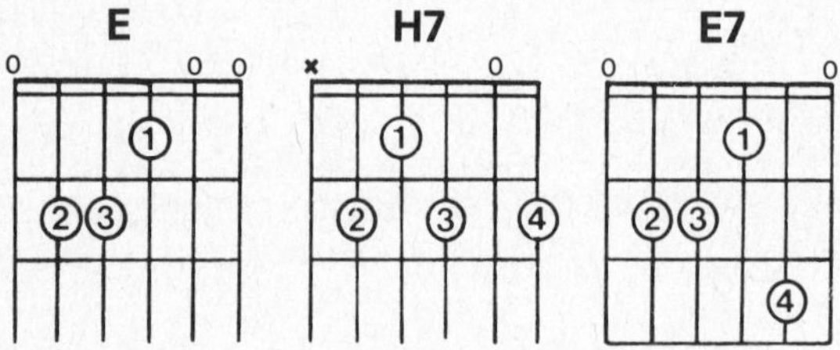

Akkord-Folge *E /// E7 /// A /// H7 /// E ///*

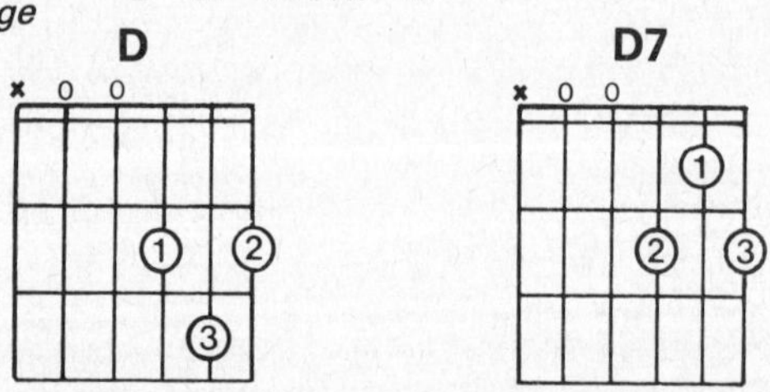

Akkord-Folge *G /// D /// C /// G /// G7 /// C /// D7 /// G ///*

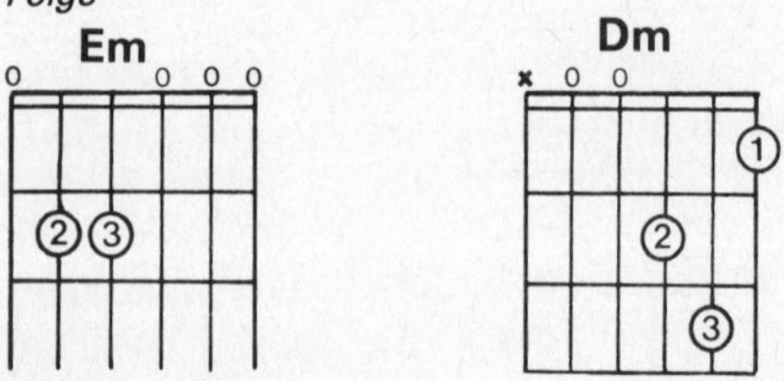

Akkord-Folge *C /// Em /// Am /// Am /// Dm /// Dm /// G /// G7 /// C ///*

Sie zu Anfang alles so laut und klar, wie Sie können.
Wann immer Sie sich zum Üben hinsetzen: Bevor Sie sich etwas Neues erarbeiten wollen, sollten Sie alles, was sie bisher erlernt haben, durchspielen. Es wird Ihnen helfen, die Muskeln spielerisch zu lockern.

Übungen für die rechte Hand
Versuchen Sie doch mal die Akkordfolgen auf Seite 54 – unter Verwendung der Griffe, die Sie bis jetzt gelernt haben – nach den Fingerstil-Arten auf Seite 53 zu spielen. Sie haben damit eine ziemlich solide Grundlage an wichtigen Akkorden und beherrschen genug Finger-Pikking, um mal unter Freunden eine kleine Vorstellung zu geben. Warum versuchen Sie es nicht mal?

»Romance«
Die Romance ist *das* Anfängerstück klassischer Gitarrenmusik schlechthin. Wenn Sie es einmal gelernt haben, werden Sie immer wieder darauf zurückkommen. Denn je leichter es in technischer Hinsicht für Sie wird, desto schwieriger wird die musikalische Interpretation. Außerdem mögen viele Leute das Stück gern hören.
Der erste Abschnitt ist wirklich einfach. Die Melodielinie wird von der hohen e-Saite getragen, und die meisten Töne der Begleitung liegen auf leeren Saiten. Wo das nicht so ist, habe ich den Fingersatz mit Griffbrett-Diagrammen illustriert. Die römischen Ziffern beziehen sich auf die entsprechenden Bünde. Es gibt nur eine anspruchsvolle Stelle – am Anfang des zehnten Taktes, wo Sie den vierten Finger bis zum Dis strecken müssen.
Da es ein altes italienisches Volkslied ist, hat der Spieler viel Freiraum in der Interpretation. Und es ist stark genug, all das Gefühl zu übertragen, das Sie hineinlegen können.
Eine Art dies zu erreichen ist die Anwendung einer Technik, die man allgemein üblich, aber inkorrekt, *vibrato* nennt. Aus unerfindlichen Gründen sind die Begriffe *tremolo* und *vibrato* im Sprachgebrauch gleichgestellt worden. Wenn ein Gitarrist seinen Vibrato-Hebel an der E-Gitarre betätigt, macht er tatsächlich ein *Vibrato:* Er verändert die Tonhöhe in wellenförmigen Bewegungen. *Tremolo* ist das mehrmalige Anschlagen eines Tones und eine Technik, zu der wir noch kommen werden.
Die Art von *Vibrato,* um die es hier geht, hat mehr mit einem *Tremolo*-Effekt zu tun und damit, noch wichtiger, den Ton länger auszuhalten. Alle Melodietöne auf der obersten Saite sollten über die Begleitung hindurchklingen. Das erreicht man, indem man die Hand längs zur Saite schüttelt: Etwa so, wie man eine Flasche Ketchup schüttelt und nicht etwa mit einer Handgelenksdrehung. Versuchen Sie dabei, den Daumen von der Rückseite des Halses weg zu halten.
Der zweite Abschnitt der *Romance* steht in E-Dur. Er ist sehr viel anspruchsvoller, und vielleicht wollen Sie später darauf zurückkommen, wenn Sie sich besser gerüstet fühlen.

Romance

Trad. (Arr. Anderson)

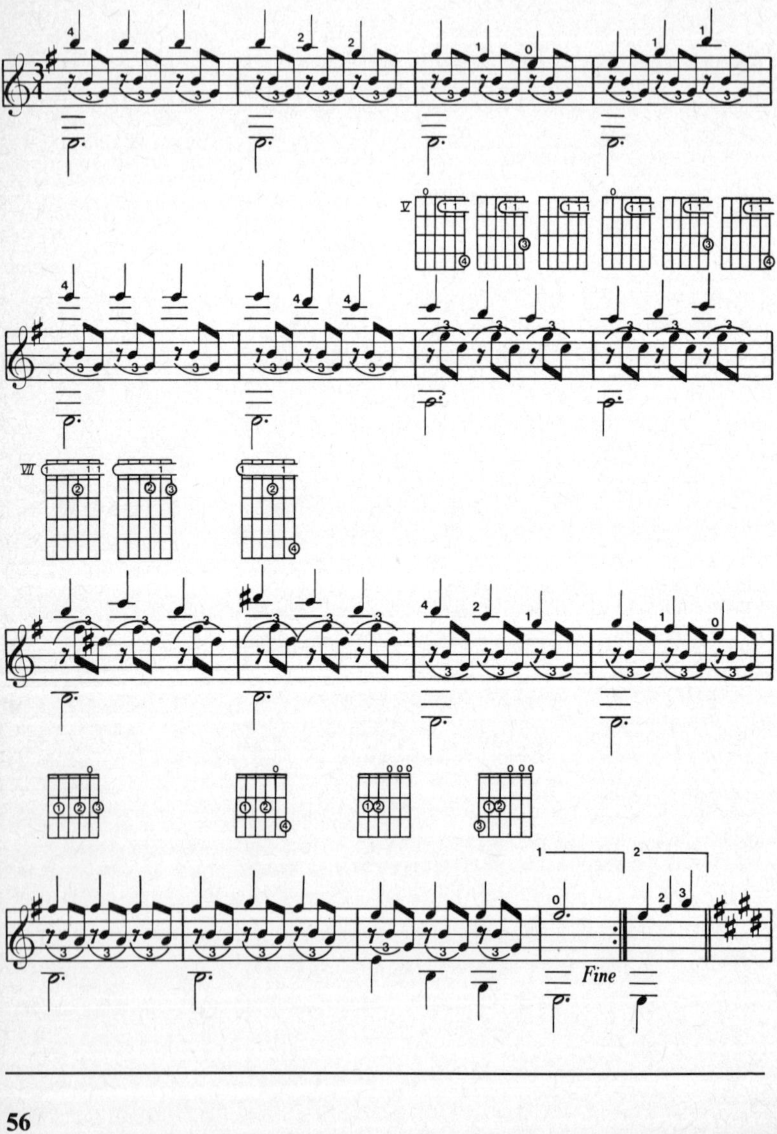

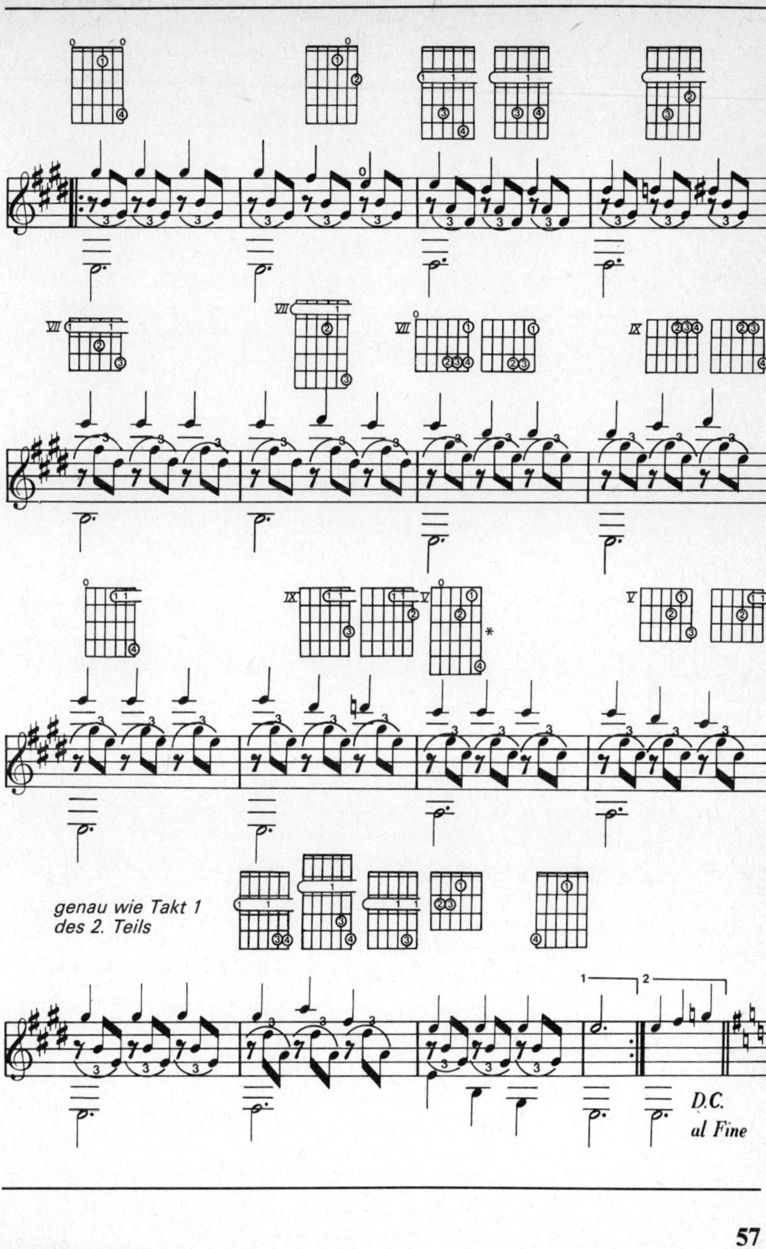
genau wie Takt 1
des 2. Teils
D.C.
al Fine

Wahrscheinlich werden Sie mehrere Anläufe für den Takt 11 brauchen, der ein besonders unangenehmes Ablangen des Cis mit dem vierten Finger verlangt. Auch die Akkorde dieser Passage, die in weite Lage führenden, werden Sie vielleicht entmutigen. Aber sie sind in jedem Fall der Mühe wert.

Am Ende des ersten Teils wird dieser wiederholt. Beim zweiten Mal gehen Sie in die Klammer 2 anstelle der 1. Dasselbe gilt für den zweiten Teil. Wenn Sie die Klammer 2 des zweiten Teils gespielt haben, folgen Sie der Anweisung *Da Capo al Fine*. Das heißt: Wiederholen Sie von Anfang bis zur Markierung *Fine*.

Flamenco

Genau genommen hat Flamenco nichts mit klassischer Gitarrenmusik zu tun; denn es ist die Folklore der spanischen Zigeuner und damit ein ganz eigenes und ergiebiges Studienobjekt.

Ein Flamenco-Stück zum Vorführen hat aber jeder Gitarrist gern in seinem Repertoire. Und diese Art zu spielen ist in einigen Spieltechniken auch von den Konzertgitarristen übernommen worden. Flamenco-Gitarren haben einen etwas kleineren Korpus und einen hellen Klang, der sich gut für das Spielen im Freien eignet.

Aufschlag und Abzug

Diese Spieltechniken sind gar keine Besonderheit der Flamencomusik, aber für sie erforderlich. Man kann einen oder sogar mehrere Töne erzeugen, indem man eine Saite anzupft und dann eine Fingerkuppe der linken Hand hinter einem Bund aufschlägt. Das Klangergebnis sind zwei oder drei Töne in schneller Folge.

Zum anderen kann man einen Ton erklingen lassen, indem man einen Finger der linken Hand von einer Saite abzieht und damit die leere Saite oder einen Ton auf einem tieferen Bund anreißt.

Diese beiden Spielarten können auch kombiniert werden. Ein paar Beispiele sollen Ihnen zeigen, wie man sie notiert.

Rasqueado

Formen Sie mit den Fingern der rechten Hand eine Faust, wobei Sie

Beispiele für Aufschlag und Abzug

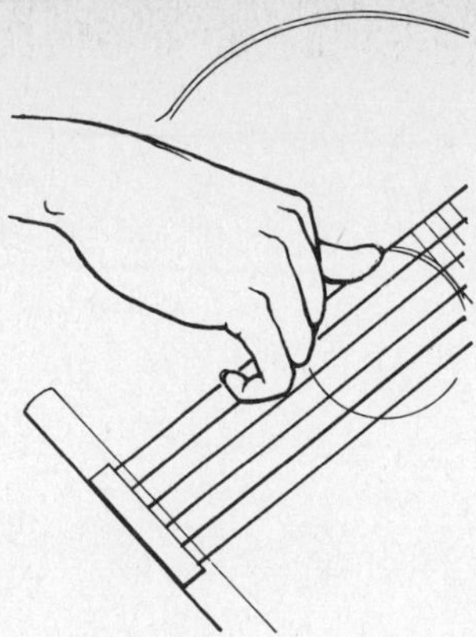

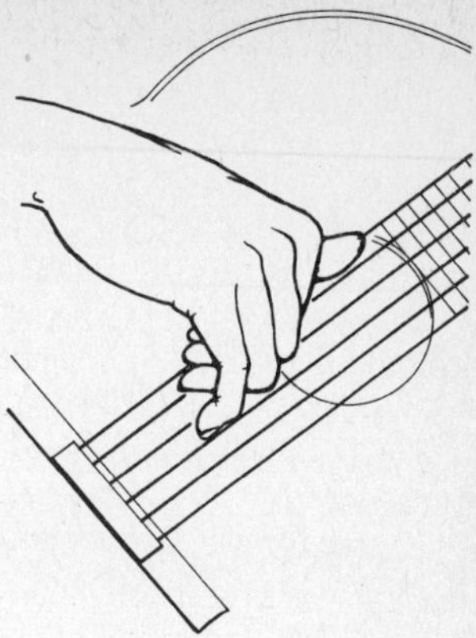

Rasqueado

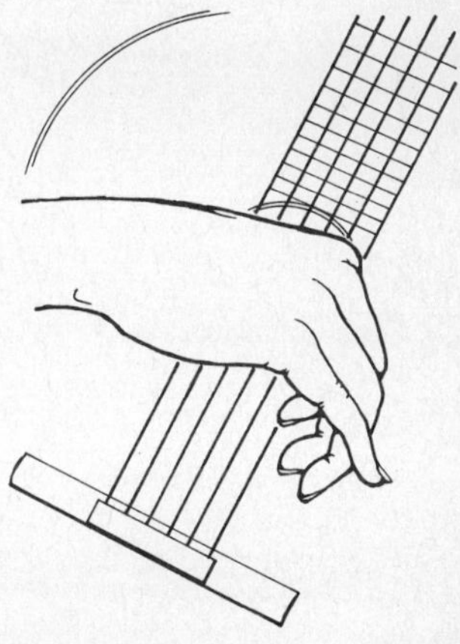

den Daumen etwas abstrecken. Entrollen Sie jetzt Ihre Finger gleichmäßig, einen nach dem anderen und mit dem vierten beginnend. Greifen Sie den E-Dur-Akkord und wiederholen Sie die beschriebene Bewegung über die Saiten. Der Eindruck ist wie von vier überlappenden Akkordanschlägen. Das Wort *Rasqueado* gibt diesen Klang etwas lautmalerisch wieder.

Das *Rasqueado* kann schnell oder langsam ausgeführt werden. Man kann auch die Finger wieder über die Saiten zurückrollen lassen.

Es gibt einen Vorschlag, den man *Acciaccatura* nennt. Dieser Ton erklingt nur für eine sehr kurze Zeit, die er dem darauf folgenden Ton wegnimmt. Auf der Gitarre wird dieser Effekt immer mit dem Aufschlag oder dem Abzug erreicht. Oft wird ein Akkord dabei einen »falschen« Ton enthalten, wie in unserem dritten Beispiel. Aber der wird sofort in einen richtigen aufgelöst. Dieser Fall wird notiert, als wenn Sie den Vorschlag allein und dann den Akkord spielen sollten. In der praktischen Ausführung aber spielen Sie den ganzen Akkord mit dem Vorschlag und lösen diesen sofort mit einem Aufschlag oder Abzug in den richtigen Akkordton auf.

Die Ziffer 3 mit einem Bogen darüber ist das Zeichen für eine Triole. Die so markierten drei Töne nehmen zusammen die Dauer von zwei Noten desselben Wertes ein.

Andres Segovia, Autodidakt und Genie der klassischen Gitarre. Ein brillanter Konzert-Gitarrist und Lehrer.

Tremolo

Dieses wird mit den Fingern der rechten Hand nach dem Muster a, m, i, a, m, i ausgeführt, als wäre es eine fortwährende Wiederholung desselben Tones – und nichts anderes ist es auch (siehe das Beispiel).

»Soleares«
Um das Kapitel über klassische Gitarre abzuschließen, gebe ich Ihnen auf den Seiten 62/63 noch eine Version von *Soleares* – einem Volkslied aus Andalusien in Südspanien – bearbeitet von Daniel Fortea.

***Der spanische Sänger*, von Manet. War er Linkshänder oder hielt er die Gitarre einfach verkehrt herum?**

Soleares **Daniel Fortea**

3
4
3
a m i
p
p
Rasqueado

Die Folk-Gitarre

Folk-Musik zu lernen ist etwas ganz anderes als das Studium klassischer Gitarrenmusik, das eine intensive Hingabe erfordert. Wenn man einmal die Grundlagen begriffen hat, kann man das Musikmachen jederzeit nach eigenem Belieben aufgreifen und wieder ruhen lassen. In ganz weiter Auslegung des Begriffs ist es das vordringliche Anliegen jedes Folkgitarristen, ein Instrument zur Begleitung seiner Stimme zu haben. Wenn das Ihr Ziel ist, können Sie dieses Kapitel dazu verwenden, ein paar von Ihren Lieblingsliedern spielen zu lernen. Oder aber Sie betrachten es als eine Einführung in die grundlegenden Spieltechniken, so daß Sie eventuell Ihren eigenen Stil entwickeln können.

Es gibt einige Hilfsmittel für den Folkgitarristen, die er je nach Belieben einsetzen kann. Die meisten davon sind nicht teuer und die Erfahrung wert, auch wenn Sie sie eventuell wieder zur Seite legen.

Tragband

Wenn Sie im Stehen auftreten wollen, brauchen Sie ein Tragband. Das ist der einfachste Weg, Ihre Gitarre zu halten.

Wie Sie das Tragband befestigen, kommt ganz auf Ihre Gitarre an. Konzertgitarren sind nicht für Tragbänder vorbereitet. Wenn Sie trotzdem eine im Stehen spielen wollen, befestigen Sie einen Plastik-Gardinenhaken an einer Kordel um Ihren

Bob Dylans einfache Technik bewirkte, daß ihm Tausende nacheiferten.

Hals und hängen ihn unter der Gitarre durch in das Klangloch ein. Was für eine Gitarre Sie auch haben, schrauben Sie nach Möglichkeit nichts nachträglich hinein.
Zum Anpassen Ihres Tragbandes halten Sie die Gitarre in der korrekten Stellung mit dem Band über Ihrer linken Schulter und unter Ihrem rechten Arm. Verstellen Sie es, bis es das Instrument in derselben Höhe und demselben Winkel hält. Seien Sie vorsichtig beim Aufstehen, daß Sie nicht den Kopf Ihrer Gitarre irgendwo anschlagen, wenn Sie Ihre neu gewonnene Beweglichkeit vorführen wollen.

Kapodaster

Ein Kapo ist ein geschicktes Hilfsmittel, mit dem Sie die Notwendigkeit umgehen können, allzuoft die Tonart zu wechseln. Er ist besonders dann eine große Hilfe, wenn Sie nie über die Griffe in der ersten Lage hinauskommen. Für den Fall, daß Sie nur in C und G spielen, aber nur in D und A singen können, ist ein Kapo über den zweiten Bund die Lösung Ihrer Probleme.
Es gibt fast mehr verschiedene Kapos als Gitarren, aber sie erfüllen alle ihren Zweck. Kaufen Sie sich ruhig einen billigen.

Finger-Picks

Wenn Sie gesund sind und kräftig gewachsene Fingernägel haben, brauchen Sie eigentlich keine Finger-Picks. Trotzdem – viele Leute glauben, daß ihre sorgfältig gefeilten Fingernägel leicht durch Metallsaiten einreißen könnten. Ein Plastik-Daumenpick in Reserve ist gut für den Fall, daß Sie den Daumennagel abbrechen oder wenn Sie einen stärkeren Klang erreichen wollen. Die besten Finger-Picks sind die aus Metall.
Oft paßt der Metallring nicht über den Nagel; er läßt sich nicht über den weichen Teil Ihres Fingers schieben. Mit etwas Geduld können

Zwei unterschiedliche Kapos

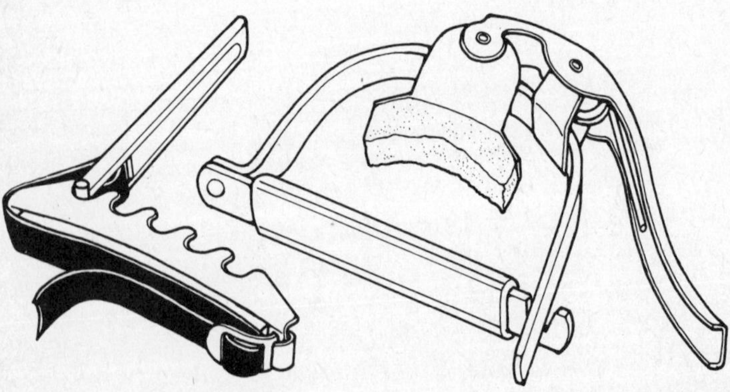

Sie ihn so aufbiegen, daß er sich der Form Ihrer Fingerspitze anpaßt. Und dann biegen Sie die Spitze des Picks mit einer Zange zurück, bis er eine Verlängerung Ihres Fingernagels bildet.

Schlaggitarrentechnik

Es gibt da noch einiges über die Schlaggitarrentechnik zu sagen. Wahrscheinlich haben Sie schon festgestellt, daß es nicht ganz so einfach ist, wie es aussieht.

Wenn Sie beim Begleiten nur auf den betonten Zählzeiten des Taktes spielen, klingt das sehr dürftig. Sicher werden Sie dem Rhythmus mit einigen Zwischenschlägen etwas mehr Pep geben wollen. Im Normalfall werden die betonten Zählzeiten mit einem Abschlag gespielt, indem Sie mit den Nagelflächen abwärts über die Saiten fahren. Ihre Zwischenschläge machen Sie jetzt mit Aufschlägen, die der Zeigefinger übernimmt.

In der Regel wird der Daumen eine Baßbegleitung übernehmen – etwas, das den harmonischen Grund für die Melodielinie legt. Der Grundschlag für *Blowing in the Wind,* das im $^4/_4$ Takt steht, geht »Bum ca-chung ca-chung-ca«. In den Noten auf dieser Seite unten bedeutet ein umgekehrtes V einen Abschlag und ein V einen Aufschlag. Alle einzelnen Töne werden mit dem Daumen gespielt.

Ungeschickterweise fallen einige wichtige Melodietöne genau mit einem Akkordschlag zusammen. Deshalb müssen wir einen Kompromiß eingehen.

Blowing In The Wind

Text und Musik von Bob Dylan

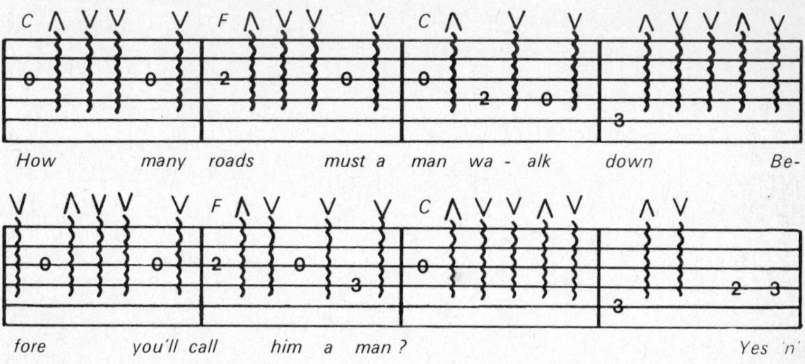

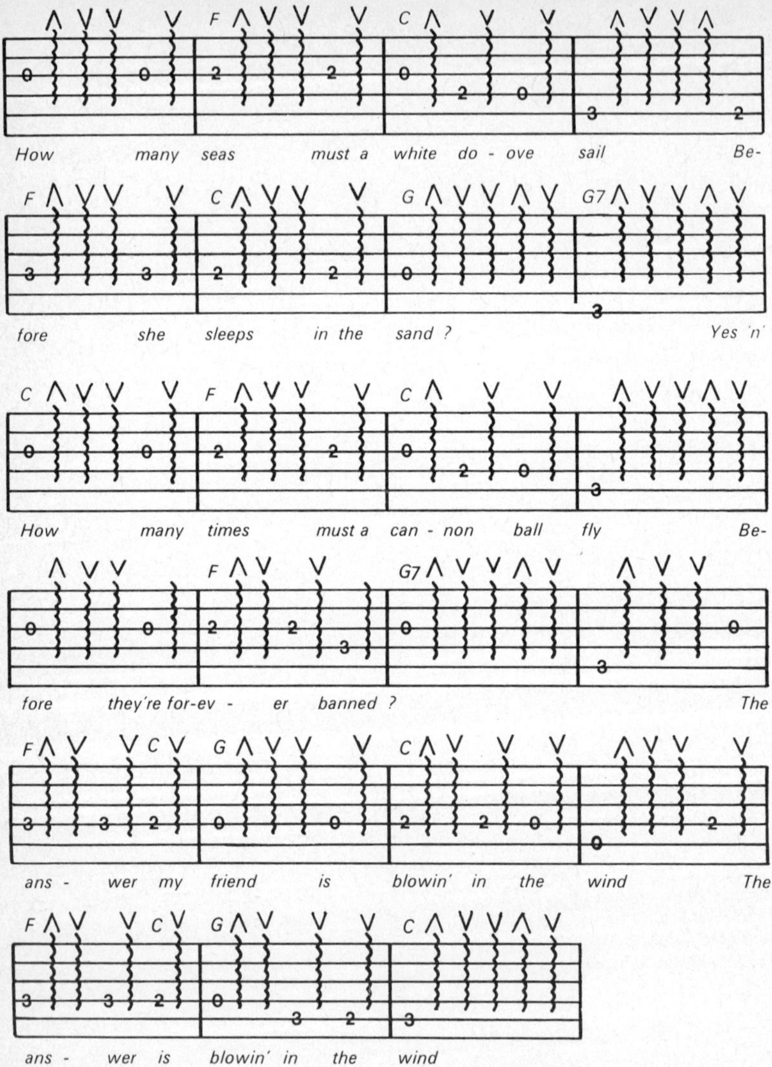

Pagans der Gitarrist und Auguste Dégas
von Edgar Dégas.

Dies ist ein leichtes Stück für Gitarre, aber ziemlich schwierig zu notieren. Daraus können wir eine Erfahrung gewinnen: Auch wenn Sie von Noten abspielen können, vergessen Sie das Ablesen, sobald Sie ein Stück gelernt haben. Versenken Sie sich in die Musik und fügen Sie Ihre eigenen Noten und Akkorde ein.

Folk-Gitarre ist wie Rock-, Blues- und Jazz-Gitarre – in Ermangelung eines besseren Ausdrucks – vom Wesen her schöpferisch. Sie werden viel von anderen Spielern, aus Büchern und dem Spielen zu Schallplatten lernen.

Erweiterte Akkorde

Sehr oft kann eine ansonsten langweilige Gitarrenbegleitung interessanter werden, wenn man einen nicht benötigten Finger zum Erweitern und Verschönern eines Akkordes einsetzt.

Sloop John B ist ein altes Volkslied, mit dem die Beach Boys einen ganz beachtlichen Erfolg hatten. Es ist im Grunde ein Lied mit nur drei Akkorden, das man gut mit dem »Chung Ka-chungchung«-Rhythmus begleiten kann.

Die Art, wie die Bearbeitung auf Seite 71 geschrieben ist, gibt ein Beispiel, wie Sie die ursprüngliche Begleitung angehen sollten. Es sind Akkorde hinzugefügt worden, weil sie hineinzupassen schienen. Ausgeschrieben sehen sie dann furchtbar kompliziert aus, obwohl das Ganze einfach zu spielen ist. Deshalb: Lassen Sie sich nicht von Akkorden mit ausgefallenen Namen einschüchtern. Sie folgen ausnahmslos logischen Harmoniegesetzen und wenn sie sich ein wenig mit einer guten Zusammenstellung von Griffdiagrammen beschäftigen, werden Sie bald mit Erfolg belohnt.

Diese Begleitung zeigt uns auch zum ersten Mal Vorhaltakkorde. Die Bezeichnung »Vorhalt« bezieht sich fast immer auf den dritten Ton der Dur-Tonleiter, der erhöht wird. Wenn wir uns erinnern, daß in der Dur-Tonleiter zwischen dem dritten und vierten Ton ein Halbtonschritt liegt, wird durch die Erhöhung der dritte mit dem vierten Ton gleich; das heißt, daß der Vorhaltakkord den ersten, vierten und fünften Ton anstelle des ersten, dritten und fünften Tones der Leiter einschließt. Bei A7sus (der Symbolschrift für den Vorhaltakkord plus Septim) wird noch die kleine Septim zugefügt.

In dieser Bearbeitung wurde jedem Wort der Melodie ein Schlag in der Begleitung gegeben. Das gibt einen klaren Rhythmus vor, zu dem man auch leicht singen kann.

Wie Sie sehen, beginnt das Stück mit dem zweiten Finger auf dem dritten Bund der h-Saite. Das wird sofort zu D-Dur, wenn Sie mit dem ersten Finger einen kleinen Barrée auf dem zweiten Bund greifen.

Der nächste Wechsel ist einfach die Hinzufügung des dritten Fingers neben dem zweiten auf den dritten Bund der e-Saite. Nach einem Anschlag wird er wieder weggenommen.

Auf der zweiten Silbe des Wortes »Nassau« wird das noch einmal

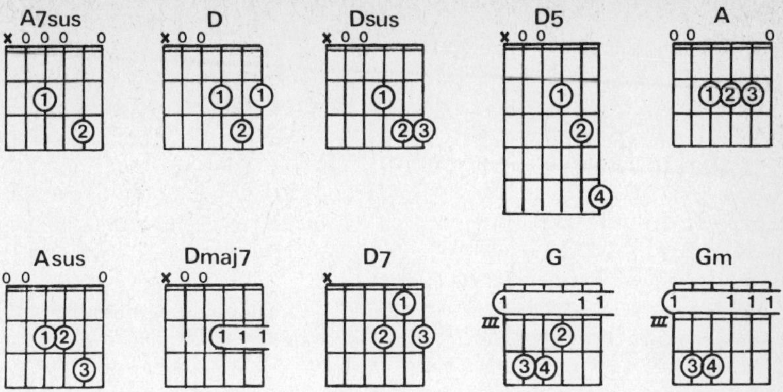

Sloop John B

Traditional

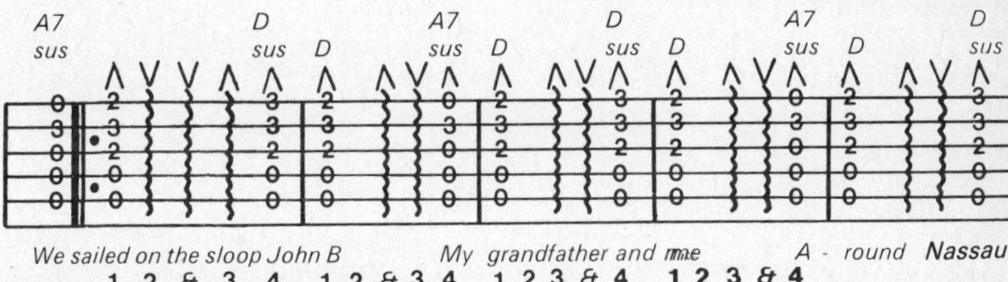

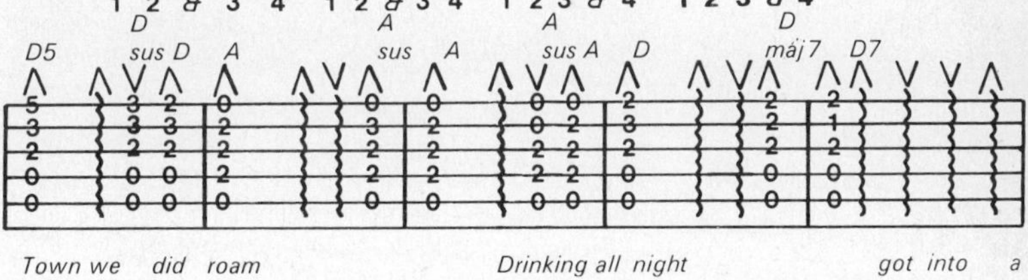

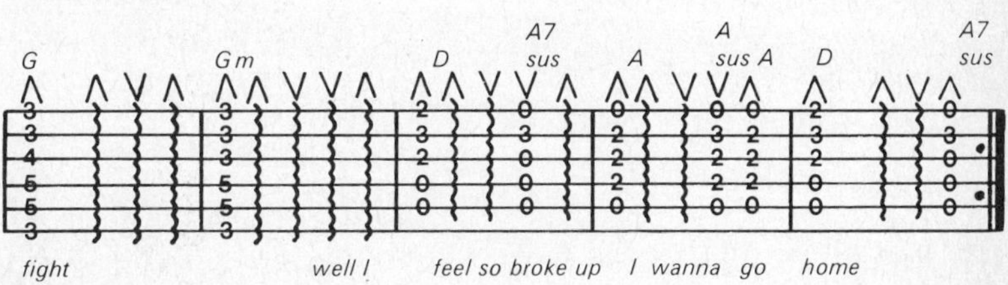

wiederholt. Dieses Mal können Sie den dritten Finger liegen lassen, falls Sie Ihn in der Lage halten können, während Sie mit dem kleinen Finger den D5 Akkord ablangen. Denn zwei Schläge später muß er schon wieder gespielt werden. Vielleicht verrutscht er etwas, aber versuchen Sie ihn jedenfalls liegen zu lassen.
Übrigens: Der »D5« ist einfach ein Akkord, der aus D und dem fünften Ton der Leiter, dem A, besteht.

Die Wechsel von A nach Asus werden mit dem Versetzen des dritten Fingers einen Bund aufwärts ausgeführt. Der Wechsel von D nach Dj7 wird durch das Abheben des zweiten Fingers erreicht.
Der einzige schwierige Akkord in diesem Stück ist G-Dur mit großem

Big Bill Broonzy, der legendäre Blues-Gitarrist.

Barrée. Wenn Sie das mal geschafft haben, müssen Sie für den g-moll Akkord nur noch den zweiten Finger abheben. Beim Chorus (Improvisieren) verwendet man dann übrigens dasselbe Akkordschema, nur wird die Schlagart leicht geändert.

Besondere Formen des Picking

Im letzten Kapitel wurden verschiedene Möglichkeiten des Picking für die rechte Hand vorgestellt. Eine davon nennt man »Kralle« (claw). Der Ausdruck »Kralle« kommt daher, daß Finger und Daumen gleichzeitig die Saiten anreißen. Die rechte Hand erinnert dabei an eine Kralle.

Aus den Beispielen auf den vorigen Seiten läßt sich unschwer erkennen, daß diese Art des Picking Möglichkeiten für zahllose Variationsmöglichkeiten bietet, obwohl dabei der dritte Finger gar nicht benützt wird. Üben Sie nun diese Variationsmöglichkeiten mit den Akkordfolgen, die Ihnen bereits bekannt sind. Versuchen Sie, das Tempo etwas zu erhöhen. Aber Vorsicht, nicht schneller werden beim Spielen. Üben Sie zunächst langsam in einem für Sie angenehmen Tempo. Danach spielen Sie denselben Übungsteil nocheinmal, aber diesmal etwas schneller.

Wenn Sie jetzt die verschiedenen Möglichkeiten in beliebiger Folge spielen und sich sogar selbst einige ausdenken, werden Sie allmählich erkennen, wie mit dieser Art des Picking ganze Melodien gespielt werden können. Besonders wenn man dazu noch Aufschlag und Abzug einbaut.

Zur Verdeutlichung des eben Gesagten üben Sie jetzt Ralph McTells *Streets of London*.

»Streets of London«

Damit Sie nicht dauernd den Fingersatz der linken Hand überlegen müssen, sind die Griffe angegeben. Wo der Fingersatz trotzdem einer Erläuterung bedarf, wird die Zahl für den zu verwendenden Finger mit einem Kreis umgeben. Zum besseren Verständnis nun eine Beschreibung der einzelnen aufeinanderfolgenden Takte.

Der erste Takt besteht aus einem ganz normalen C-Dur Akkord, obwohl die D-Saite nicht klingen darf. Ich schlage vor, Sie greifen wie üblich mit dem zweiten Finger auf dem zweiten Bund der D-Saite, um das Mitklingen harmoniefremder Töne zu vermeiden.

Der zweite Takt besteht aus C, wobei der vierte Finger auf dem dritten

Das »Krallen«-Picking

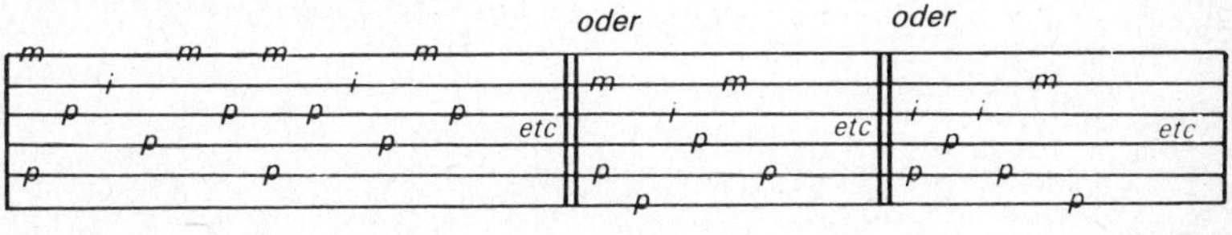

Bund der obersten Saite das G drückt. Eigentlich handelt es sich um C5, wenn Sie auf der D-Saite das E nicht spielen.

Zu Beginn des dritten Taktes werden die beiden offenen Saiten angezupft und dann der gesamte a-moll Akkord gedrückt.

Der Wechsel von a-moll nach F-Dur ist in der Tat reizvoll, bedarf aber doch einiger Übung.

Der G6 Akkord kann normalerweise mit oder ohne den vierten Finger gespielt werden, hier ist er aber erforderlich.

Nach dem achten Takt werden die ersten sechs Takte wiederholt, und dann kommen wir zum schwierigsten Takt des gesamten Stückes. Hier müssen Sie zunächst mit dem Zeigefinger anstatt mit dem Mittelfinger zupfen. Nach dem zweiten Anschlag des Zeigefingers, muß der zweite Finger der linken Hand auf dem zweiten Bund im selben Augenblick aufschlagen, wie der Daumen die Baßsaite anschlägt. Die größte Schwierigkeit könnte darin liegen, diesen Finger rechtzeitig für den Daumen-Anschlag auf die A-Saite zurückzubringen.

Für den dritten Takt im Refrain schlage ich vor, ein G7 zu spielen, wobei der vierte Finger zusätzlich den dritten Bund der obersten Saite drückt. Auf diese Weise läßt sich der Wechsel von G nach G7 durch das bloße Anheben des vierten Fingers bewerkstelligen.

Das Anschleifen (the slide)

Auf einer Saite zwischen einzelnen Noten hin- und herzugleiten gehört zu den einfachsten Dingen. Auch Akkorde lassen sich auf diese Weise spielen. Versuchen Sie doch einmal, einen Fis-Dur Akkord zu greifen (das ist derselbe Griff wie F-Dur, lediglich um einen Bund verschoben). Schlagen Sie ihn an und schleifen Sie ihn um einen Bund nach G.

Das klingt doch genau wie der Anfang von Elvis Presley's *Jailhouse Rock?* Und er ist es auch.

Es ist durchaus der Mühe wert, sich mit dem Anschleifen näher zu befassen, denn es gibt dafür vielfache Einsatzmöglichkeiten. Zum einen kann es dazu dienen, die Hand in die richtige Lage zu bringen, wie schon bei der moll-Tonleiter in einem früheren Kapitel erwähnt, zum anderen um schneller zu spielen.

Der Gitarren-Blues

Es würde hier zu weit führen, die verschiedenen Stilarten und Spieltechniken von Blues-Gitarristen zu untersuchen. Als Anregung sei hier dennoch ein Gitarren-Blues vorgestellt, den uns Big Bill Broonzy hinterlassen hat.

Dieses 12taktige Beispiel ist nur ein

Streets of London

Ralph McTell

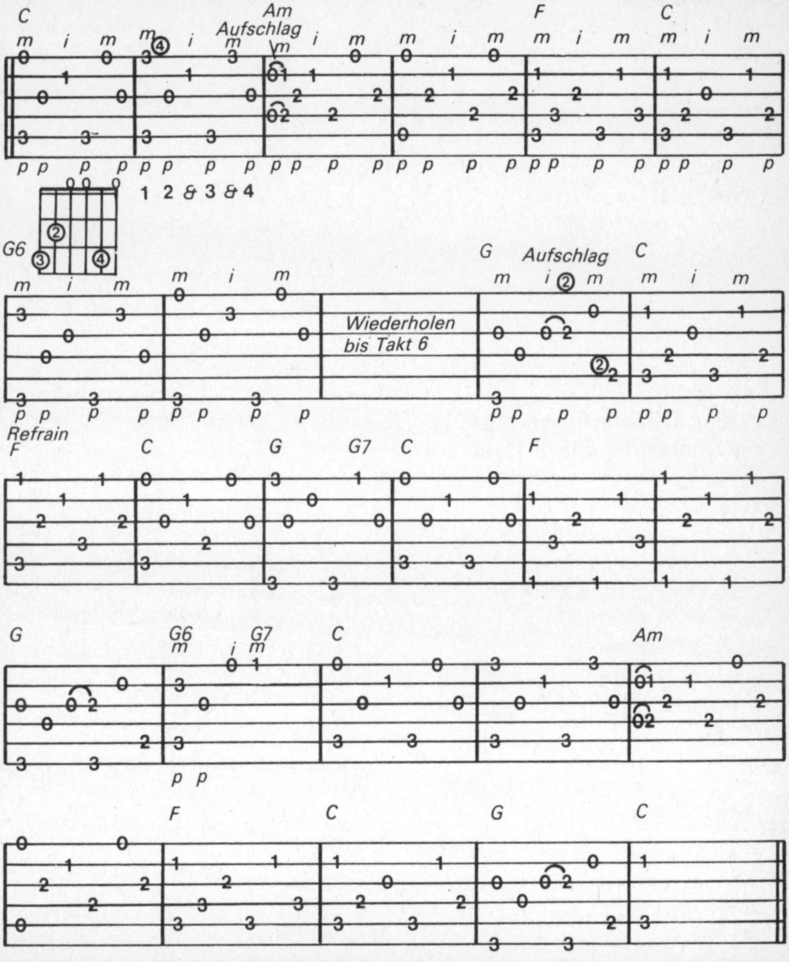

Gitarren-Blues

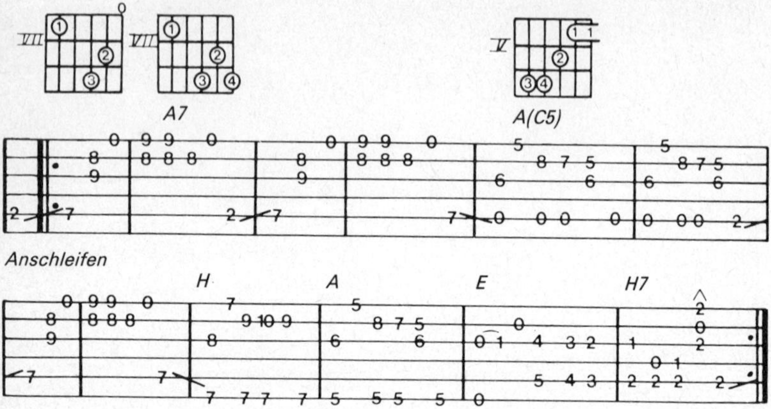

Ausschnitt aus einer längeren Improvisation.

Der »Anschleifer« über fünf Bünde endet in einem A7, der wie ein D7-Akkord gegriffen wird. Da aber die leere Saite im ersten Takt gebraucht wird, läßt man den vierten Finger auf dem neunten Bund weg.

Der Rhythmus ist zu Beginn nicht ganz leicht zu erfassen, bis zu dem Punkt, wo das A auf dem fünften Bund gespielt wird und der Baß gleichmäßig im Takt angeschlagen wird. Beim Anschleifen vom zweiten zum siebten Bund sollten Sie bei diesem Stück Anfangs- und Endton anschlagen. Im Gegensatz dazu geht das Anschleifen vom siebten Bund abwärts bis zur Leersaite, und dann müssen Sie A-Dur greifen.

Das nächste Abwärtsschleifen geht nirgendwo hin, weil Sie noch einmal für einen ganzen Takt auf den siebten Bund müssen.

Zum Schluß muß der ganze E-Akkord vier Bünde hochschleifen, um dann gleich wieder Bund für Bund zurückzugehen.

James Davis aus Georgia, USA, ist einer der vielen Gitarristen, der die Country Blues Tradition bewahren hilft. Er spielt bei lokalen Tanzveranstaltungen, nur von einem Schlagzeug begleitet.

FORD

Die Rhythmus-Gitarre

Die wohl schwierigste und anspruchsvollste Aufgabe in einer Gruppe fällt dem Rhythmus-Gitarristen zu. Mag der Solo-Gitarrist auch die tollsten Läufe spielen, so ist es doch der Rhythmus-Gitarrist, der in jedem Augenblick in der Lage sein muß, dazu die passende Begleitung zu spielen. Eine nicht bloß oberflächliche Kenntnis der Akkorde und eine kreative Schlagtechnik sind deshalb Voraussetzungen für einen sauberen Rhythmus ohne langweilige Wiederholungen. Der Rhythmus-Gitarrist muß fähig sein, Läufe ebenso wie kurze, eingeworfene Fills zu spielen. Schließlich wird er feststellen, daß er wahrscheinlich der einzige in der Gruppe ist, der anwendbare Kenntnisse von Harmoniezusammenhängen besitzt. Daraus ergibt sich die verantwortungsvolle Aufgabe, das Arrangement der Gesangsstimmen zu übernehmen.

Das Begleiten von Schallplatten
Am einfachsten kann man Rhythmus-Gitarre lernen – so haben auch die meisten Rock-Gitarristen angefangen –, wenn man seine Lieblingsschallplatten auf der Gitarre begleitet.

Dafür gibt es eine bestimmte Technik. Zu Beginn müssen Gitarre und Plattenspieler in der Lautstärke so aufeinander abgestimmt werden, daß das eigene Gitarrenspiel, wie auch die Platte, gut hörbar sind.

Dann muß die richtige Tonart gefunden werden. Sie läßt sich leicht vom letzten Ton einer Strophe oder eines Refrains her bestimmen. Die meisten Stücke kehren zum Grundton oder Tonika zurück, was einem dann die Tonart anzeigt.

Wahrscheinlich ist es eine der gängigen Tonarten, wie sie bereits erwähnt wurden. Es kann aber auch passieren, daß man sie nicht findet, weil die Tonika genau zwischen den Bünden liegt. In diesem Fall verändert man einfach die Stimmung der Gitarre, indem man etwas höher oder tiefer stimmt.

Für das Heraushören der Akkorde benötigen Sie zweierlei: ein gutes Ohr und eine Menge abrufbereiter Griffe. Beides geht Hand in Hand, denn während Sie neue Akkorde lernen, lernen Sie gleichzeitig, sie an ihrem Klangcharakter zu erkennen. Halten Sie sich zunächst einmal an die gängigen Akkordfolgen: Tonika, Subdominante, Dominante, Dominant-Septakkord, Tonika-Septakkord und moll-Parallele. Probieren Sie sie in verschiedenen Lagen aus.

Hören Sie genau hin und stellen Sie fest, welche Baßnoten zu dem neuen Akkord gespielt werden. Eine davon ist sehr wahrscheinlich der Grundton des neuen Akkords. Daraus und aus den Tönen der Melodie sollte sich die Auswahl der Akkorde beträchtlich einschränken lassen.

Häufig verwendete Akkord-Folgen der Rock-Musik

E–H–H7–A–A7–E7–Cism–G–D–Fm–Fis–F–Es–Gism

G–D–D7–C–C7–G7–Em–B–F–Am–A–As–Es–Hm

A–E–E7–D–D7–A7–Fism–C–G–Hm–H–B–As–Cism

C–G–G7–F–F7–C7–Am–Es–B–Dm–D–Cis–H–Em

D–A–A7–G–G7–D7–Hm–F–C–Em–E–Es–Cis–Fism

Als weitere Hilfe können Sie die abgebildeten Akkordfolgen ausprobieren. Sie tauchen sehr häufig in den gängigen Tonarten auf.

Der richtige Sound

Besonders frustrierend beim Mitspielen einer Platte ist die Tatsache, daß der eigene, elektrisch verstärkte Gitarrenklang in den wenigsten Fällen den Sound erreicht, der durch aufwendige und teure Studiogeräte auf Platte gebannt wurde. Wenn Ihr Sound wirklich schlecht ist, wäre es ratsam, z. B. einen kleinen Übungsverstärker mit 10 Watt anzuschaffen.

Eine elektrische Gitarre sollte zwei Tonabnehmer besitzen. Der eine, nahe des Stegs, klingt scharf und beißend, der andere klingt etwas weicher. Beide sollten in der Höhe verstellbar sein. Je näher sie an den Saiten sind, um so mehr Lautstärke erhält man. Sie dürfen aber nicht so dicht an den Saiten sein, daß diese den Tonabnehmer berühren und dann schnarren.

Beide Tonabnehmer sollten durch einen Kippschalter einzeln und zusammen geschaltet werden können. Dieser kann mit »Rhythm« oder »Lead« markiert sein. Wichtig sind auch Lautstärke- und Klangregelknöpfe, sowohl an der Gitarre wie auch am Verstärker.

Das »Feeling«

Der andere Faktor, der den Klang stark beeinflußt, ist die Art und Weise, wie Sie mit dem Plektrum spielen. Bleiben Sie dabei immer locker und entspannt und vermeiden Sie verkrampftes Spielen.

Man hält das Plektrum gerade so fest, daß es beim Spielen nicht aus der Hand geschlagen wird. Schließen Sie die Hand locker zur Faust und halten Sie es zwischen Daumen und Zeigefinger.

Das Schlagen erfolgt meistens aus dem Handgelenk, stärker betonte Taktteile werden dagegen aus dem Ellbogen bzw. Unterarm heraus geschlagen.

Will man aus klanglichen Gründen

gelegentlich einmal die Saiten abdämpfen, so kann man das mit Handballen oder Handkante tun.
Die linke Hand greift nicht nur Akkorde, sie kann auch einen gewissen Rhythmus erzeugen und zwar durch die Art, wie sie die Saiten drückt und wieder losläßt. Läßt die linke Hand im Druck nach, werden die Saiten abgedämpft. Einige Funk-Gitarristen benützen ihr Instrument manchmal nur zur Rhythmuserzeugung. Für einige Takte liegt ihre Hand auf den Saiten, die dadurch völlig abgedämpft sind. Höchstens für eine kurze rhythmische Betonung wird der Akkord gelegentlich gedrückt.

Die Grundform des Rock

Mit dieser Rhythm-and-Blues Phrase hat alles begonnen. Ein paar Änderungen in der Akkordfolge und sie paßt auf ein Drittel aller Rock-Nummern, die Sie überhaupt jemals gehört haben. Von Chuck Berry's *No Particular Place To Go* bis zu *Get Back* von den Beatles; von Elton John's *Crocodile Rock* zu praktisch jedem Status Quo Song.

Greifen Sie einen ganzen Takt lang A7, und setzen Sie bei jedem zweiten Schlag den vierten Finger so auf, daß er die Saite abdämpft.

So wie hier wird der D-Dur-Akkord häufig von Rhythmus-Gitarristen gespielt. Sehr oft wird dabei die

Grundform des Rock, Beispiel 1

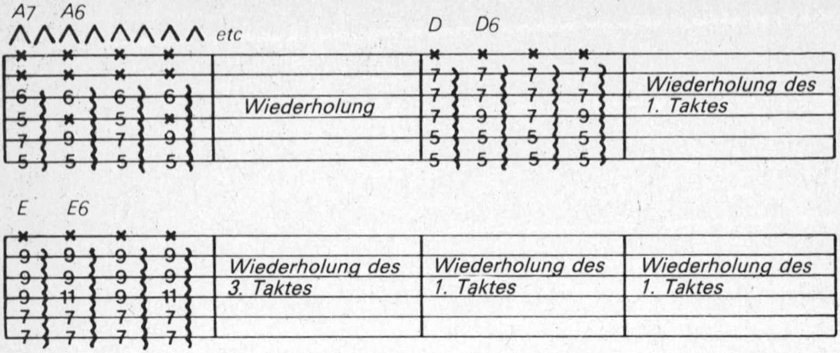

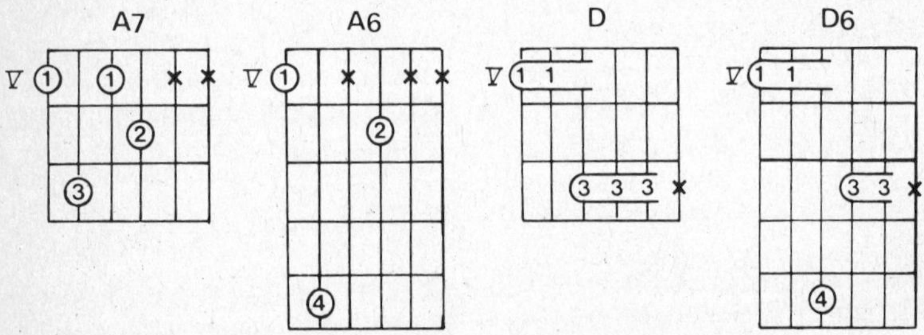

oberste Saite gar nicht angeschlagen.

Für den E – E6 Wechsel verschiebt man den D-Akkord einfach um zwei Bünde nach oben.

Eine Variation davon ist die Grundform 2. Bei ihr muß sich die Hand ganz beträchtlich spreizen. Auf dem fünften Bund ist dies für den Anfang vielleicht etwas zu viel verlangt. Rutschen Sie einfach auf einen höheren Bund, wo die Abstände kleiner sind und man darum leichter greifen kann.

Grundform des Rock, Beispiel 2

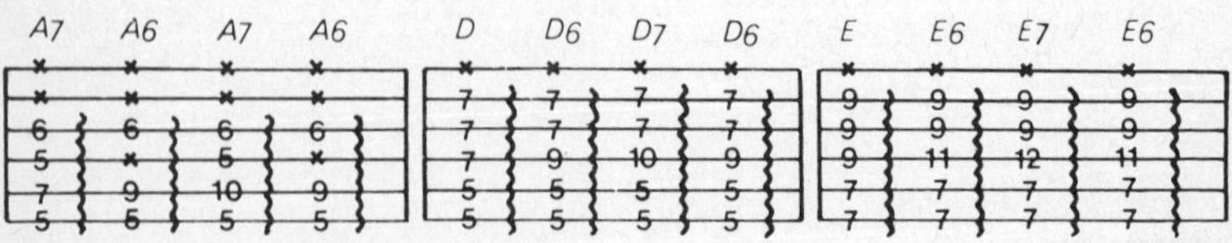

Der Funk

In der schwarzen Musik von heute und in dem, was sich die Weißen davon in großem Umfang zu eigen gemacht und weiterentwickelt haben, finden sich selten Dur-Akkorde.

Bei dieser Art von Musik kommt dem Dämpfen mit der linken Hand besondere Bedeutung zu. Versuchen Sie es doch einmal bei *I Shot The Sheriff* von Bob Marley (Seite 85). Die Akkorde sind einfach und die Raffinesse des Stücks liegt in der linken Hand.

Greifen Sie die Akkorde so locker, daß sie beim Anschlagen völlig abgedämpft sind. Drücken Sie nur kurz beim zweiten Schlag und nocheinmal beim »und« des dritten Schlages, bis kurz nach dem vierten Schlag. Wenn Sie manchmal das Drücken vergessen, macht das gar nichts; es wird dann nur noch »funkier«. Bei dieser Art von Musik ist oft das, was man ausläßt, wichtiger, als das, was man hinzufügt.

Vielleicht fällt es Ihnen schwer, den Text zu diesem Rhythmus zu singen. Deshalb ist es am besten, Sie spielen einfach mit der Schallplatte mit, sofern das möglich ist. Daß Rhythmus-Gitarrenspiel nicht nur aus Akkorden besteht, beweist die kleine Baßtonfolge am Ende jedes Verses.

Ausgefallene Akkorde

Wenn Sie sich an Stücke mit geraden, einfachen Akkordfolgen halten, werden Sie sehr bald Ihr Spieltempo erhöhen. Sie werden aber auch auf Nummern stoßen, die voller ausgefallener Akkorde sind. Sie müssen dann in der Lage sein, diese zu erkennen. Als kleine Hilfe hierzu befindet sich auf den Seiten 91 bis 94 eine Aufstellung verschiedener Akkordarten mit Beispielen.

Notenliteratur, mit der zu beschäftigen sich durchaus lohnt, hat oft entweder gar keine Griffabbildungen oder nur grob vereinfachte Akkorde, die auf den unteren Bünden mit Leersaiten gespielt werden können. Ein guter Solo-Gitarrist wird sich ausschließlich geschlossene Griffe aussuchen, so daß ihm keine Leersaiten in die nachfolgenden Akkordwechsel hineinklingen. Darum bestehen die angegebenen Beispiele nur aus geschlossenen Griffen. Will man einen umfassenden Überblick, benötigt man ein gutes Grifflexikon.

Nicht alle Akkorde lassen sich auf der Gitarre spielen. Sehr häufig müssen ein oder zwei Töne ausgelassen werden, um die richtige Umkehrung zu erhalten. So kann man z. B. einen F13-9-5 nur spielen, wenn man den Grundton überhaupt ausläßt.

Die Intervalle (Tonabstände) richten sich bei allen Nachschlagewerken nach der Dur-Tonleiter. Vergessen Sie nicht, daß Griffe verschiebbar sind. Wenn Sie wissen wo C5 (C mit verdoppelter Quinte) und sein Grundton liegen, dann brauchen Sie für E5 den Griff nur entsprechend zu verschieben: C, Cis, D, Dis, E – das sind vier Bünde. Wollen Sie E9 und wissen wo G9 liegt, gehen Sie drei Bünde nach unten: G, Ges, F, E.

Bob Marley

I Shot the Sheriff von Bob Marley.

I Shot The Sheriff

Bob Marley

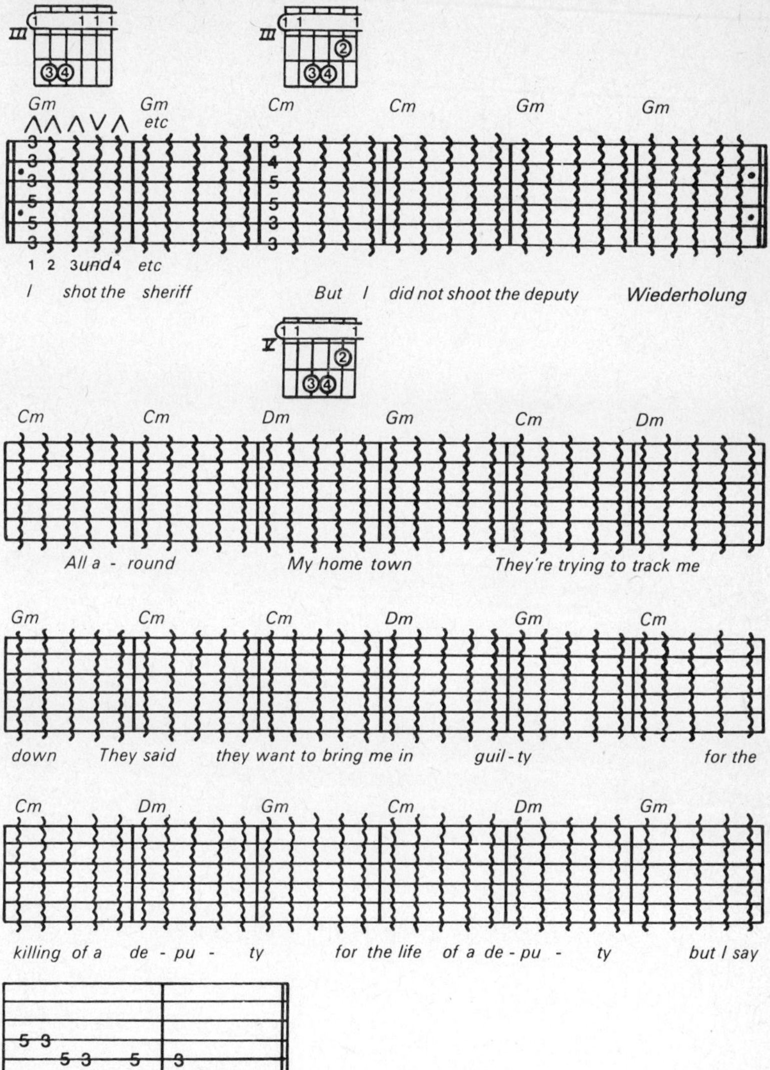

Man muß sich darüber klar sein, daß einige Grifformen immer wieder auftauchen. Mit anderen Worten, ein Griff kann zwei oder drei verschiedene Bezeichnungen haben. Vergleichen wir z. B. Gm6 mit Em7-5. Die Töne des ersten Akkords sind G, B, D, E, während der zweite E, G, B, D umfaßt. So etwas kommt relativ häufig vor, besonders bei Griffen, die keinen Grundton im Baß haben wie z. B. C7-9+5. Das ist genau dasselbe wie Bm7-5.
Auffallend ist auch das Wiederkehren von Übermäßigen, Verminderten und Septakkorden mit kleiner None in ihren Umkehrungen. Auch diese Akkorde haben verschiedene Bezeichnungen. C-vermindert ist zugleich auch A-vermindert, Es- bzw. Dis-vermindert und Ges- bzw. Fis-vermindert.

Close to You — Burt Bacharach/Hal David (Carlin Music)

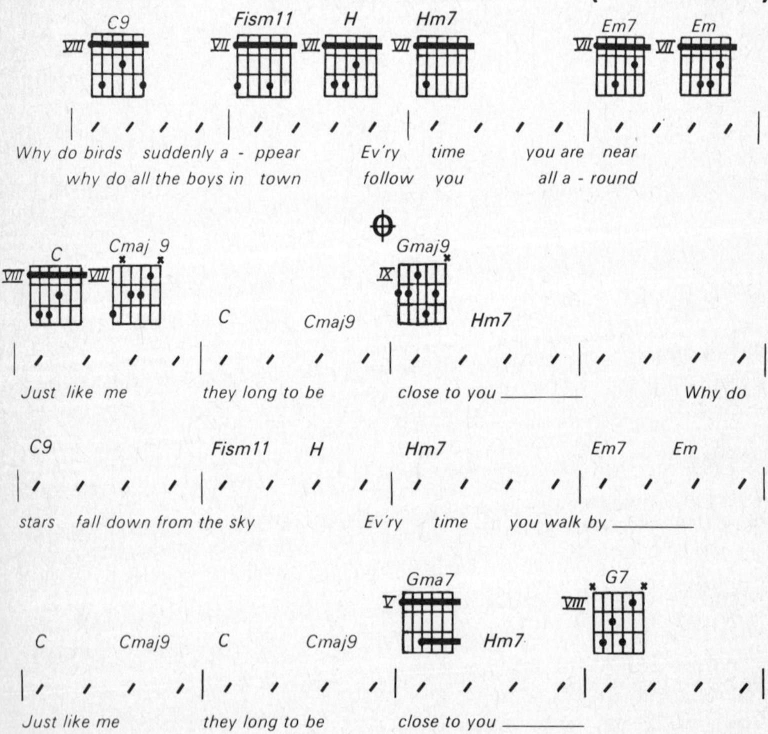

Zu verminderten Akkorden kommt man, wenn man bei einem moll-Septakkord mit kleiner Quinte (Xm7-5) die Septime erniedrigt. Das bedeutet letztlich ein zweifaches Erniedrigen der Septime und wird oft auch in dieser Form aufgeschrieben. Von großer Wichtigkeit ist die Tatsache, daß bei vielen Neuner-Akkorden (X9) das Vorhandensein der Septime beim Lesen als selbstverständlich vorausgesetzt wird.

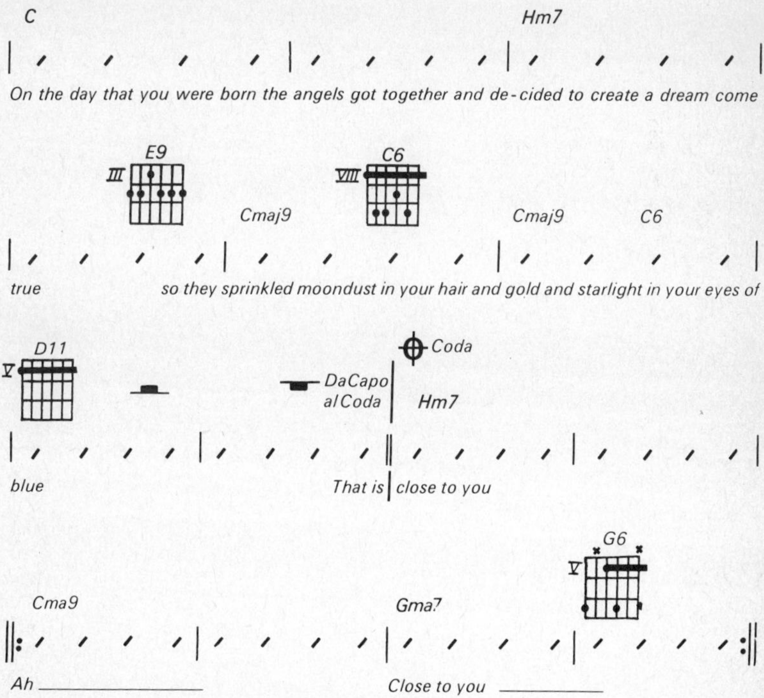

Der Elfer (X11) besteht aus einem Neuner-Akkord, bei dem die Terz weggelassen und eine Elf angefügt wird. Das bewirkt eine gewisse Spannung und ähnelt dem, was man einen Neuner mit Vorhalt (X9sus4) nennen könnte, nur daß der Terzvorhalt in der nächsthöheren Oktave erscheint. Um eine Disharmonie zu vermeiden, läßt man folglich die Terz weg.

Xm11 ist einfach Xm7 mit angefügter elfter Stufe. Jetzt bleibt die Terz erhalten. X13 besteht aus X9 mit dreizehnter Stufe. X13-9 ist dasselbe wie X7-9 plus dreizehnter Stufe.

Stücke zu finden, in denen all diese Akkorde vorkommen, ist unmöglich. Vor etwa fünfzehn Jahren stieß man nicht einmal auf die Hälfte dieser Akkorde, es sei denn, man spielte Jazz. Heute jedoch beeinflußt der Jazz viele Komponisten. Selbst die ausgefallensten Akkorde tauchen immer häufiger in der Schlager- und Rockmusik auf.

Als Beispiel sei Burt Bacharach's und Hal David's *Close To You* angeführt, das eine ganze Reihe der eben gelernten Akkorde enthält. Sie können die Nummer ziemlich langsam spielen, mit vier Schlägen pro Takt.

Wenn mehr als ein Akkordwechsel pro Takt stattfindet, dann kommt er immer auf den dritten Schlag. Sie brauchen deshalb keinen Akkord weniger als zweimal anzuschlagen.

Um das Greifen der Akkorde leichter zu machen, wurden sie auf den oberen Teil des Griffbretts gelegt. Natürlich kann man etwas experimentieren und Umkehrungen derselben Akkorde auf anderen Bünden greifen.

Ich glaube, am schwierigsten ist der Wechsel nach Gmaj9. Versuchen Sie deshalb, sich mit allen Griffen vertraut zu machen, bevor Sie das Stück zu spielen beginnen.

Akkordbrechungen

Häufig braucht der Rhythmus-Gitarrist keine ganzen Akkorde zu schlagen, sondern nur einzelne Töne daraus anzuspielen. Meist so, wie Sie es bei den verschiedenen Spielweisen der rechten Hand kennengelernt haben.

Das beste Beispiel dafür ist *The House Of The Rising Sun*. Es ist eines der Lieblingsstücke für Anfänger geworden, weil es leicht zu spielen ist, aber trotzdem eindrucksvoll klingt.

Das Besondere an diesem Stück ist die Betonung der Baßnote zu Beginn jedes Schlages. Den Rhythmus stellt man sich am besten als einen $^6/_8$ Takt vor, bei dem die angeschlagenen Töne wie in zwei Takten eines schnellen $^3/_4$ Taktes akzentuiert werden: 1, 2 und, 3, 4, 5, 6.

Weiterführendes Üben

Die Beschäftigung mit »Songbooks« und Noten ist eine ausgezeichnete Möglichkeit, die eigenen Kenntnisse von Akkordwechseln und -umkehrungen zu erweitern. Doch wählen Sie diese Literatur sorgfältig aus, um sicherzugehen, daß keine vereinfachten Akkorde für Anfänger, sondern sorgfältig

House of The Rising Sun

Traditional

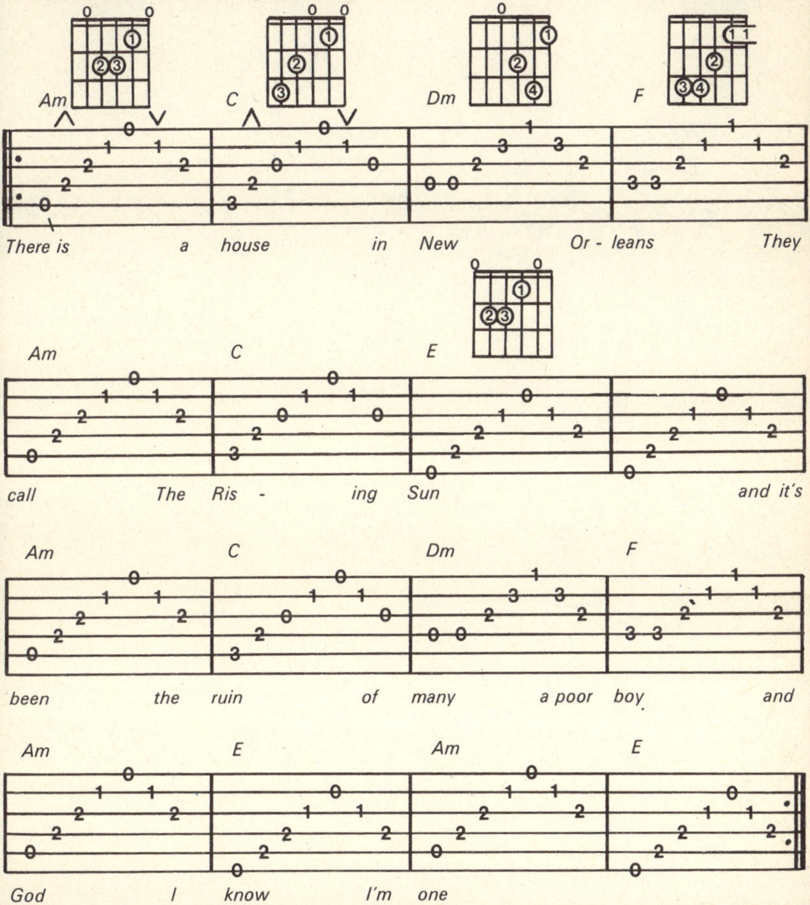

durchdachte Akkordfolgen dafür verwendet worden sind.
Jazz-Arrangements scheinen in dieser Hinsicht am zuverlässigsten zu sein; aber versuchen Sie ruhig, eigene Griffe zu erarbeiten, denn häufig sind die Griffillustrationen unbefriedigend.
Es gibt insgesamt ein oder zwei hervorragende Jazz-Schulen, die eine Vielzahl von verschiedenen Griffen und Griffolgen beinhalten.

The Animals im Jahre 1964, das Jahr, das ihnen mit »The House of the Rising Sun« weltweiten Erfolg brachte. Alan Price (ganz rechts) zeichnete für das Arrangement verantwortlich, das den Song zu einem der meist gespielten Stücke für Rhythmus-Gitarre machte.

X-Dur mit kleiner Fünf

Beisp.: 1 C, 3 E, −5 Ges — *geschrieben: X − 5*

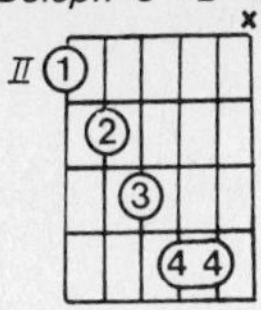

C−5

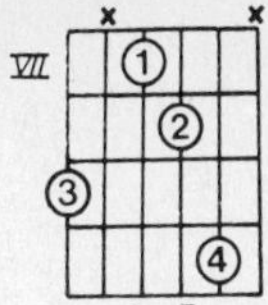

A−5

X mit großer Fünf

Beisp.: 1 C, 3 E, +5 Gis — *geschrieben: X + 5 oder X +*

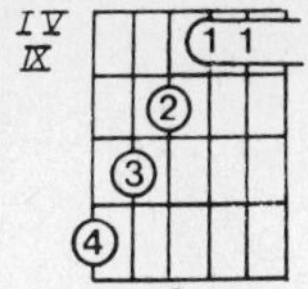

C+

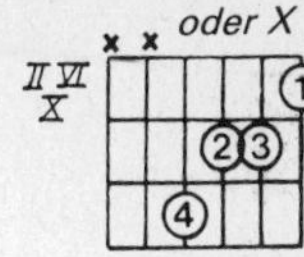

F# +

X-Dur sechs

Beisp.: 1 C, 3 E, 5 G, 6 A — *geschrieben: X 6*

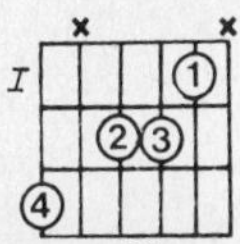

C6

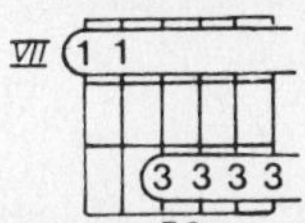

E6

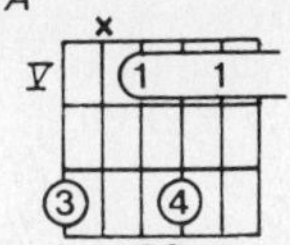

G6

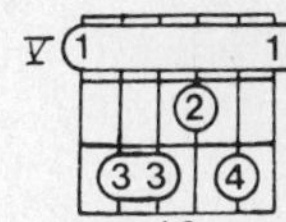

A6

X-Dur sechs plus neun

Beisp.: 1 C, 3 E, 5 G, 6 A, 9 D — *geschrieben: X 6/9*

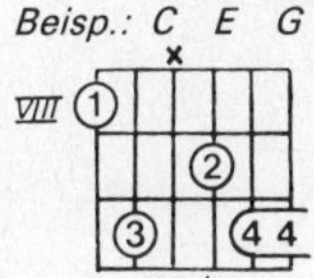

C6/9

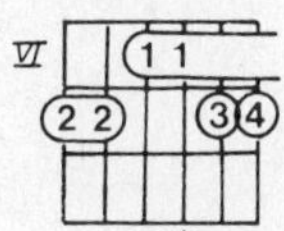

E6/9

X-moll sechs

Beisp.: 1 C, −3 Es, 5 G, 6 A — *geschrieben: Xm6*

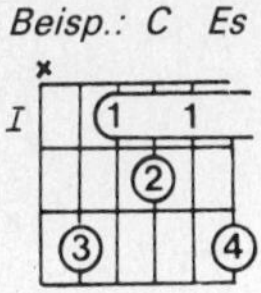

Cm6

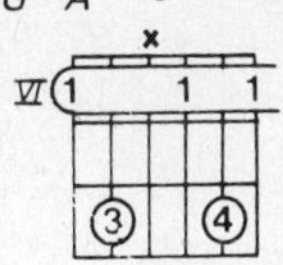

Bm6

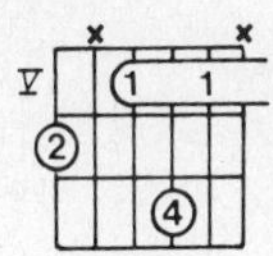

Gm6

X-moll sechs plus neun

1 C, −3 Es, 5 G, 6 A, 9 D — *geschrieben: Xm6/9*

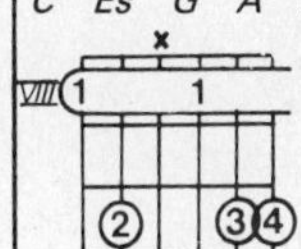

Cm6/9

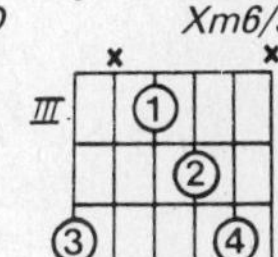

Dm6/9 (ohne Grundton)

X sieben mit Vorbehalt

Beisp.: 1 C, 4 F, 5 G, −7 B — *geschrieben: X7sus*

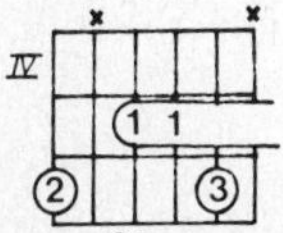

C7sus

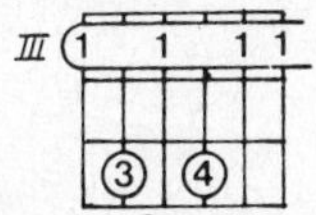

G7sus

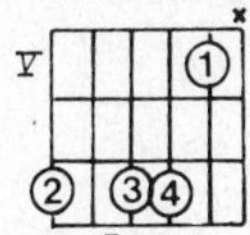

E7sus

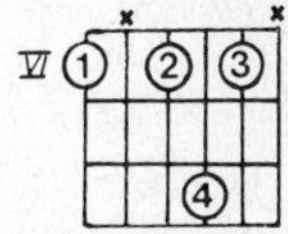

B7sus

X neun mit kleiner Fünf

1 3 –5 –7 9 *geschrieben: X9–5*
Beisp.: C E Ges B D

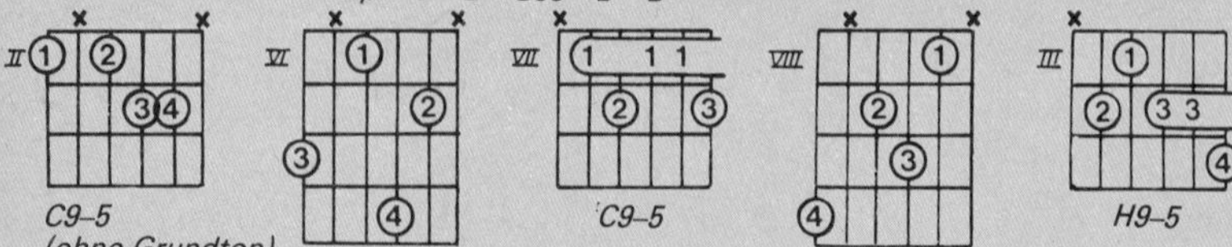

C9–5 (ohne Grundton) · *D9–5 (ohne Grundton)* · *C9–5* · *E9–5* · *H9–5*

C Major neun

1 3 5 7 9 *geschrieben: Xmaj9*
Beisp.: C E G H D

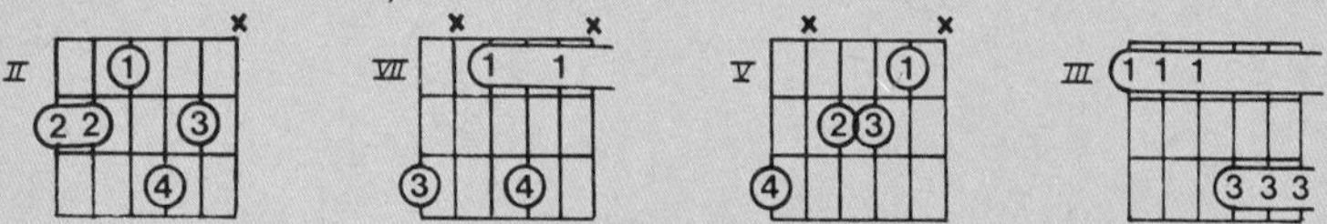

Cmaj9 · *Dmaj9 (ohne Grundton)* · *Amaj9* · *Fmaj9*

X neun mit großer Elf

1 3 5 –7 9 +11 *X9+11 oder X9(♯ 11)*
C E G B D Fis

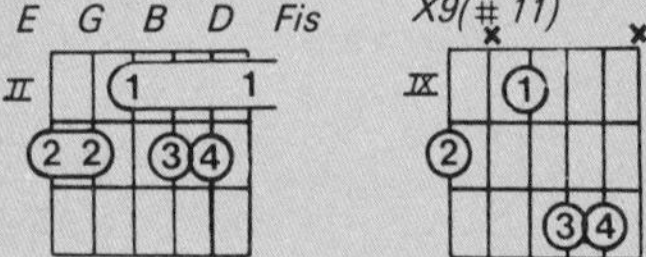

C9+11 · *E9+11 (ohne Grundton)*

X-moll neun Major sieben

1 –3 5 7 9 *Xm9+7 oder Xm9(♯ 7)*
C Es G H D

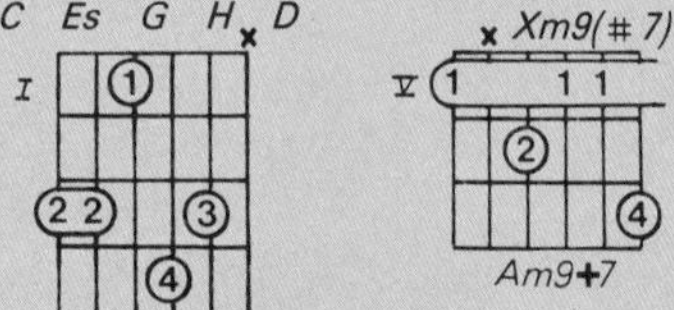

Cm9+7 · *Am9+7*

X elf

1 5 –7 9 11 *geschrieben: X11*
Beisp.: C G B D F

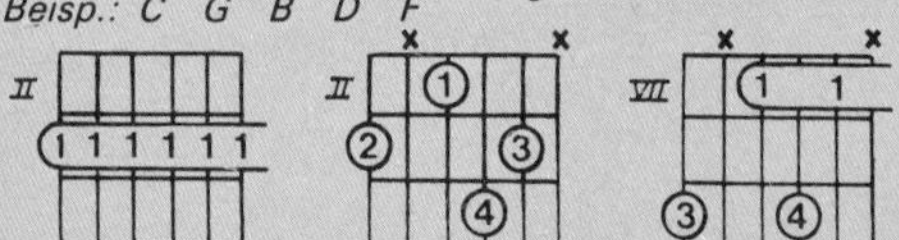

C11 · *A11 (ohne Grundton)* · *H11 (ohne Grundton)*

X-moll elf

1 –3 5 –7 11 *geschrieben: Xm11*
C Es G B F

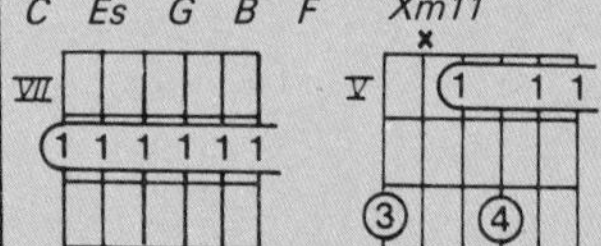

X dreizehn

1 3 5 –7 9 13 *geschrieben: X13*
C E G B D A

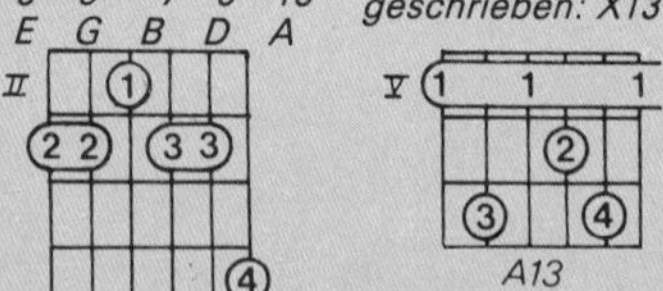

C13 · *A13*

X dreizehn mit kleiner Neun

1 3 5 –7 –9 13 *geschrieben: X13–9*
C E G B Des A

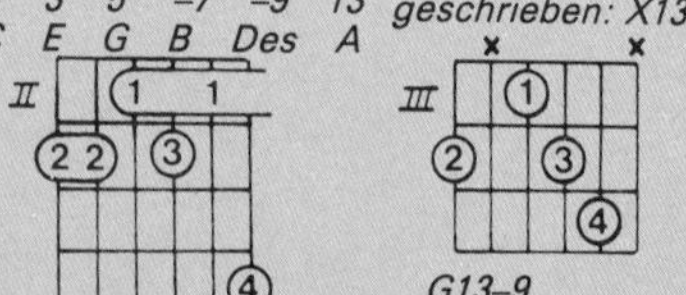

C13–9 · *G13–9 (ohne Grundton)*

X sieben mit großer Neun

1 3 5 −7 +9 — *geschrieben: X7+9 oder X7♯9*

Beisp.: C E G B Dis

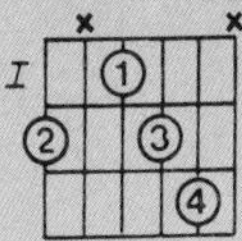

C7+9 (ohne Grundton)

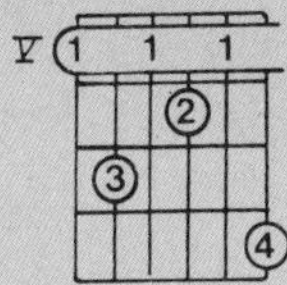

A7+9

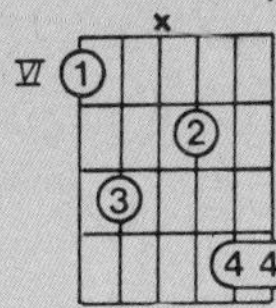

B7+9

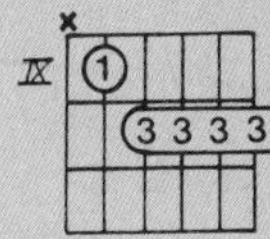

G7+9

X sieben mit kleiner Neun und großer Fünf

1 3 +5 −7 −9 — *geschrieben: X7 $^{-9}_{+5}$*

Beisp.: C E Gis B Des

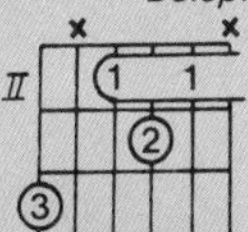

C7$^{-9}_{+5}$ (ohne Grundton)

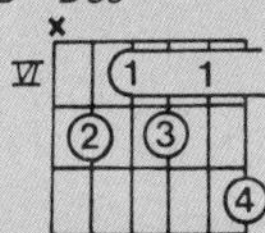

E7$^{-9}_{+5}$

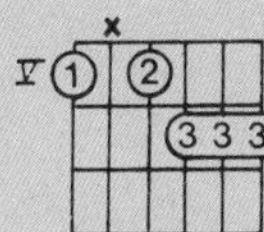

A7$^{-9}_{+5}$

X neun

1 3 5 −7 9 — *geschrieben: X9*

Beisp.: C E G B D

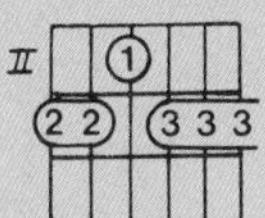

C9

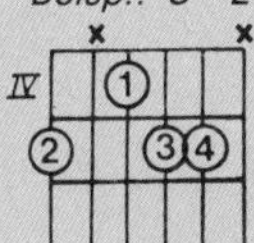

D9 (o. Grundton)

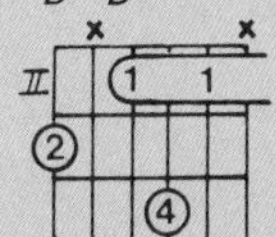

A9 (o. Grundton)

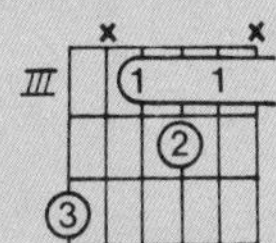

G9 (o. Grundton)

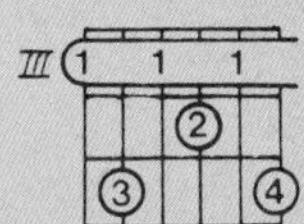

G9

X-moll neun

1 −3 5 −7 9 — *geschrieben: Xm9*

Beisp.: C Es G B D

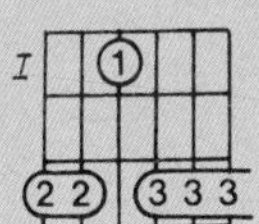

Cm9

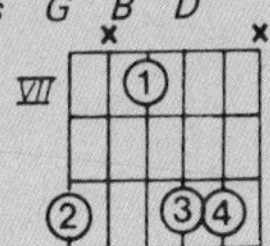

Fism9 (ohne Grundton)

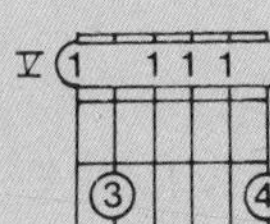

Am9

X neun mit großer Fünf

1 3 +5 −7 9 — *geschrieben: X9+5*

Beisp.: C E Gis B D

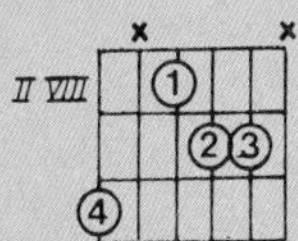

C9+5 (ohne Grundton)

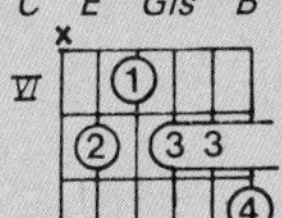

E9+5

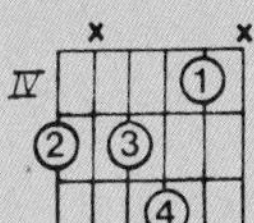

H9+5 (ohne Grundton)

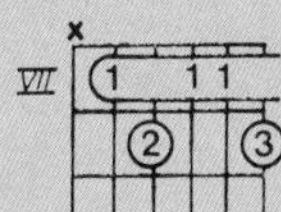

D9+5

X-moll sieben mit kleiner Fünf

1 –3 –5 –7 *geschrieben: Xm7–5*

Beisp.: C Es Ges B

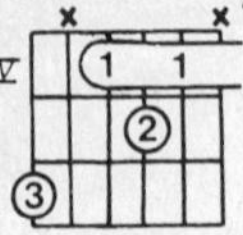

Cm7-5

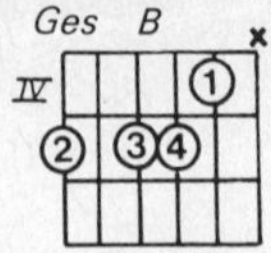

Am7-5

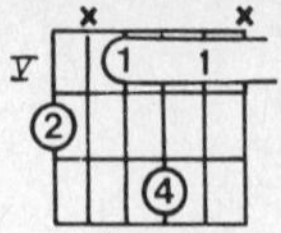

Em7-5

X vermindert

1 –3 –5 –7(=6) *geschrieben: Xdim oder Xverm oder X°*

Beisp.: C Es Ges A

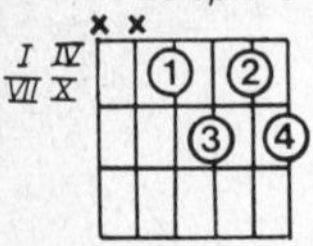

Cdim

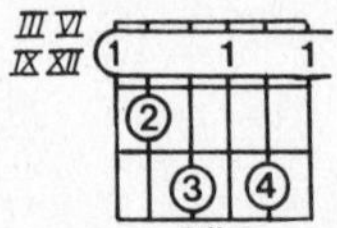

Fdim

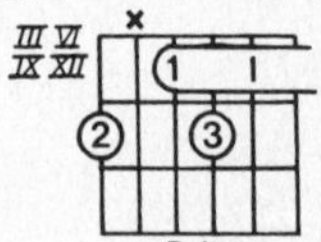

Ddim

X sieben mit großer Fünf

1 3 +5 –7 *geschrieben: X7+5*

Beisp.: C E Gis B

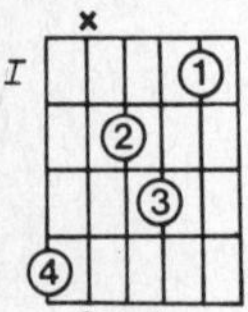

C7+5

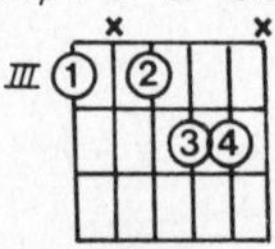

G7+5

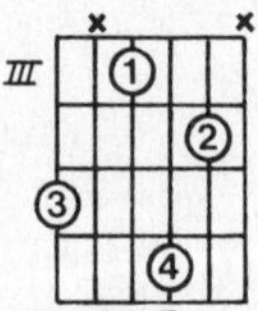

F7+5

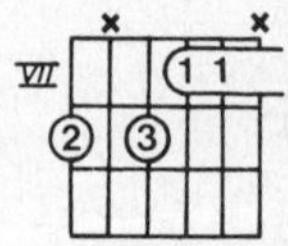

D7+5

X sieben mit kleiner Fünf

1 3 –5 –7 *geschrieben: X7–5*

Beisp.: C E Ges B

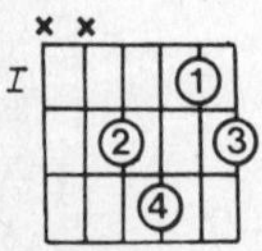

C7–5

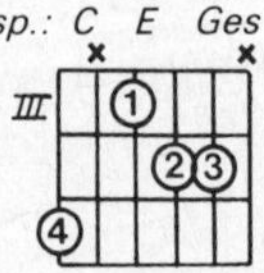

H7–5

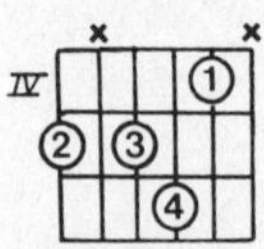

A7–5

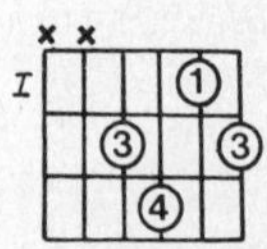

Fis7–5

X-moll Major Sieben

1 –3 5 7 *geschrieben: Xm♯7*

Beisp.: C Es G B

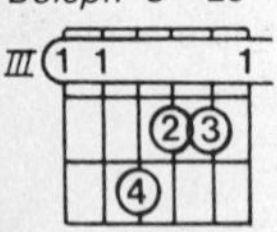

Cm♯7

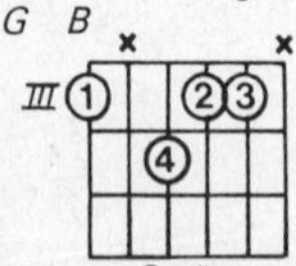

Gm♯7

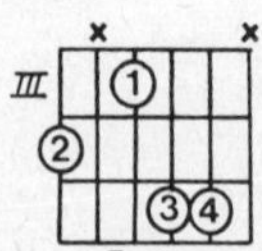

Fm♯7

X sieben mit kleiner Neun

1 3 5 –7 –9 *geschrieben: X7–9*

C E G B Des

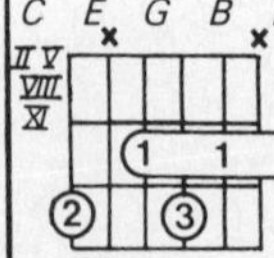

C7–9
(ohne Grundton)

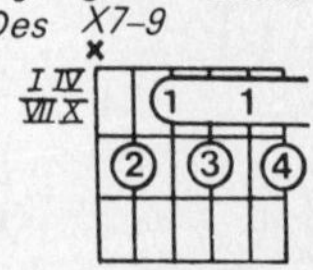

D7–9

Die Solo-Gitarre

Was einen Sologitarristen motiviert, ist der Kampf, den er führen muß, wenn er die Musik, die er in sich hört, auf die Saiten seiner Gitarre übertragen will. Hören Sie sich viele Stücke an. Spielen Sie alle Tonleitern und Griffe, die Ihnen unter die Finger kommen. Sorgen Sie sich zunächst nicht um Schnelligkeit. Versuchen Sie das bisher Gelernte miteinander zu verbinden, damit Sie Ihren eigenen Stil entwickeln können. Ein Gitarren-Solo setzt sich aus einer Reihe kurzer Läufe oder Riffs zusammen. Jeder Riff kann Teil einer Tonleiter oder Teil eines Akkords oder ein Teil von beidem sein. Mehrere Riffs fügen sich auf ganz natürliche Weise zu einer Phrase. Am Ende einer Phrase ist eine Pause möglich, obwohl diese Regel zu bestimmten Zwecken mißachtet werden kann.

Die Blues-Tonleiter

Mit dieser Tonleiter können Sie ohne Mühe »mit-jammen«, vorausgesetzt Sie finden die Tonart heraus, und die Musik ist entweder Rock, Rhythm-and-Blues oder Blues.

Wenn Sie die Blues-Tonleiter 1 auf dem dritten Bund beginnen, dann spielen Sie in G. Ebenfalls in G ist Tonleiter 2, wenn Sie mit dem ersten Finger auf dem fünften Bund beginnen. Zwei Bünde weiter oben sind Sie mit Tonleiter 3 immer noch in G. Spielen Sie die Blues-Tonleiter 4 auf

Blues-Tonleiter 1

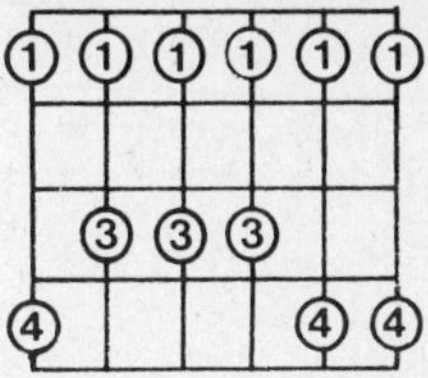

Blues-Tonleiter 2

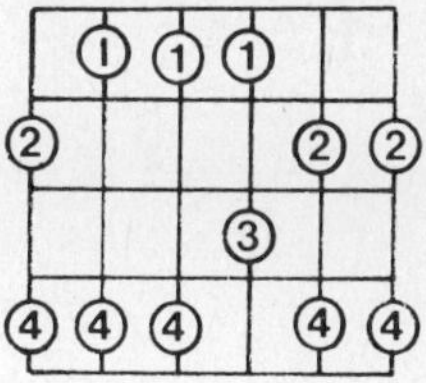

Blues-Tonleiter 3

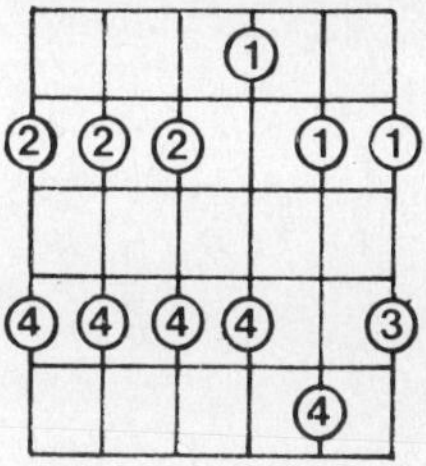

Blues-Tonleiter 4

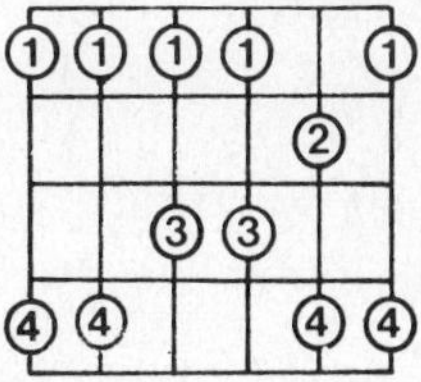

Blues-Tonleiter 5

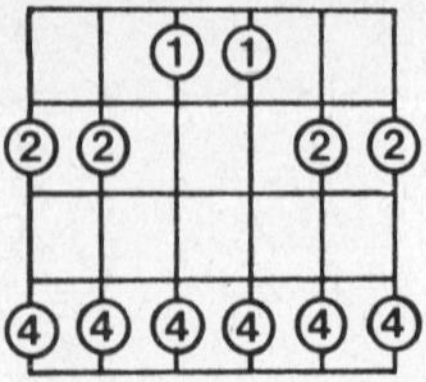

dem zehnten Bund und Nr. 5 auf dem zwölften. Sie können jetzt wieder Tonleiter 1 auf dem fünfzehnten Bund spielen, ohne daß Sie G verlassen haben.
Versuchen Sie es jetzt einmal rückwärts in E, wobei Sie die Tonleiter 1 auf dem zwölften Bund beginnen und dann drei Bünde herunterrutschen zur Tonleiter 5 usw.

Besondere Effekte

Nachdem Sie verschiedene Blues-Tonleitern gespielt und ein Gefühl dafür bekommen haben, versuchen Sie jetzt einige der speziellen Techniken anzuwenden.
Das Anschleifen von Tönen ist besonders wirkungsvoll und Sie werden feststellen, daß beim Aufwärtsspielen das Aufschlagen und beim Abwärtsspielen das Abziehen die Schnelligkeit beträchtlich erhöht. Benützen Sie das Anschleifen als Übergang von einer Blues-Tonleiter in eine andere.
Beim Blues und beim Solo-Spielen im allgemeinen gibt es einige besonders nützliche Techniken. Sie können das Vibrato verwenden, um Töne länger auszuhalten, besser aber ist eine Art von Tremolo, die es lohnt zu lernen.
Anstatt mit der Hand rechtwinklig zu den Bünden zu vibrieren, bewegt man sie bei dieser Technik im rechten Winkel zu den Saiten. Dies geschieht durch leichtes Drehen im Handgelenk und bewirkt, daß die Saite mehrfach gedehnt und wieder entspannt wird, und das ziemlich schnell hintereinander.
Das Dehnen der Saiten ist eine einfache Technik, kann aber zu einer besonderen Fertigkeit entwickelt werden, indem die Saiten entweder gezogen oder nach oben (parallel zu den Bundstäbchen) geschoben werden. Die hohen Saiten werden nach oben geschoben und die tiefen eher nach unten gezogen, um zu verhindern, daß sie über den Rand des Griffbretts abrutschen.
Jeder Ton sollte mühelos um einen Halbton gedehnt werden können, die Töne oberhalb des fünften Bundes sogar einen Ganzton. Es gibt einige Gitarristen, die es schaffen, zwei Saiten auf einmal zu ziehen bzw. zu schieben.
Mit ein wenig Übung können Sie eine Saite um einen Ganzton hochziehen, dann die Saite anschlagen und langsam wieder in ihre Ausgangsposition zurückgehen lassen. Versuchen Sie die Saite während der ganzen Zeit, in der sie in ihre Ausgangslage zurückkehrt, rhythmisch anzuschlagen.

Pete Townshend von den Who. Er spielt mit einem Kapo auf dem ersten Bund und drückt mit seinem Daumen die tiefe E-Saite.

St. James Infirmary Blues — Traditional

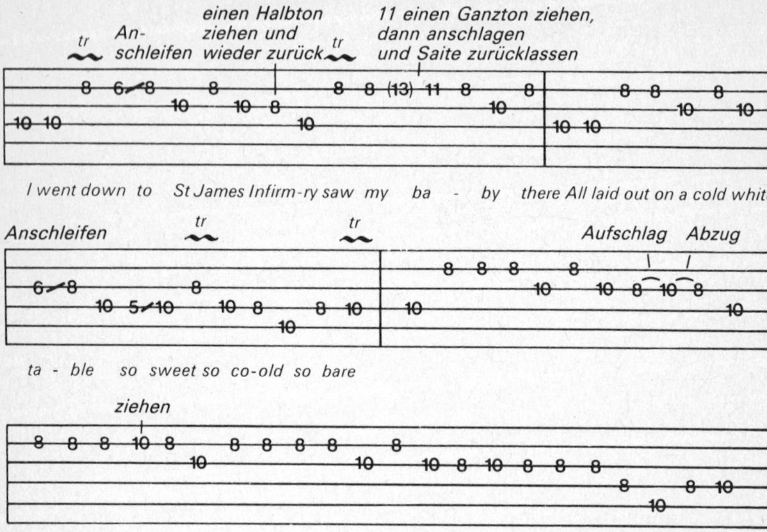

»St. James Infirmary«
Zur Erholung können Sie jetzt zwei Strophen eines alten Blues-Stückes ausprobieren. Sie sehen daran, wie einfach man mit dieser Tonleiter improvisieren kann.
Das Stück ist für die erste Lage gesetzt. Sobald Sie aber mit dem Stück vertraut geworden sind, können Sie es in den anderen Lagen der Blues-Tonleiter spielen.

Terzen
Mit Terzen kann man ein vollständiges Solo spielen oder sie in ein Solo einbauen.
Terzen und umgekehrte Terzen (auch als »Sexten« bekannt) können miteinander verwendet werden, wie im Beispiel rechts, wo der Mittelfinger der rechten Hand gebraucht wird, um bei den umgekehrten Terzen die obere Note zu spielen. Die Töne können auch nacheinander gespielt werden. In anderen Tonarten wird nach demselben Schema gespielt.
Der sechste Bund auf der G-Saite ist Cis. Beginnen Sie auf dem siebten Bund, dann sind sie in D; auf dem zweiten Bund sind Sie in A usw. Beim Spielen der umgekehrten Terzen erhält die Tonart ihre Bezeichnung von dem Ton, mit dem Sie auf der höheren Saite zu spielen beginnen.
Die beiden Töne dieser kleinen Akkorde können auch getrennt werden. Der Memphis Blues, ebenso wie ein großer Teil der Soulmusik

Terzen in Cis-Dur

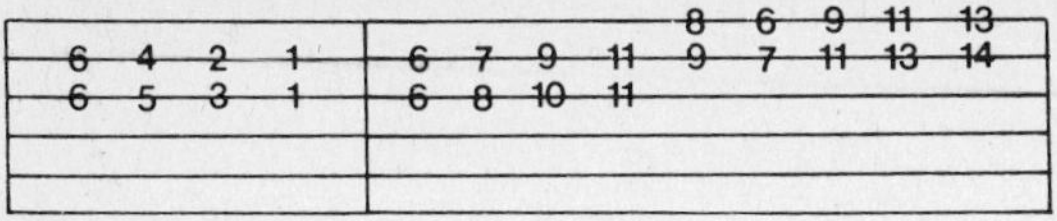

Terzumkehrungen in A-Dur

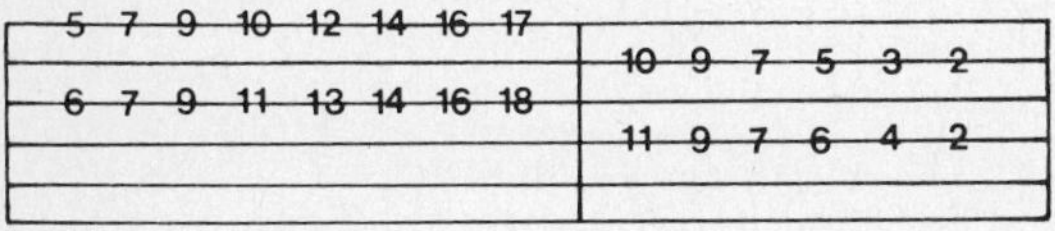

Riff

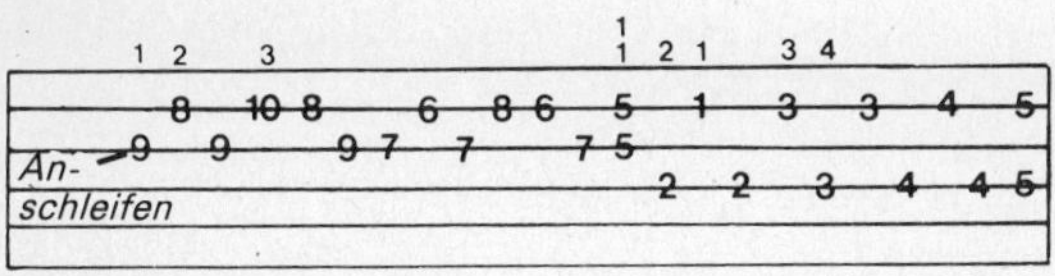

basieren auf dieser Art zu spielen. Versuchen Sie den kleinen Riff in C. Obwohl es ziemlich verwirrend aussieht, handelt es sich lediglich um Teile einer Terztonleiter mit leichten Veränderungen.

Die Dur-Tonleiter
Rechts sehen Sie die verbleibenden Spielmöglichkeiten für Dur-Tonleitern, die für Sie wichtig sind.
Lassen Sie sich nicht von Tonleitern abschrecken. Spielen Sie sie immer dann ein paar Mal zur Übung durch, wenn Sie die Gitarre in die Hand nehmen. Danach gehen Sie zu etwas Interessanterem über, wie z. B. das Gitarren-Solo aus *Something* von George Harrison. Man sollte es mit lockerer Hand spielen, viel anschlei-

Dur-Tonleitern auf der Gitarre

**Tonika (Grundton)*

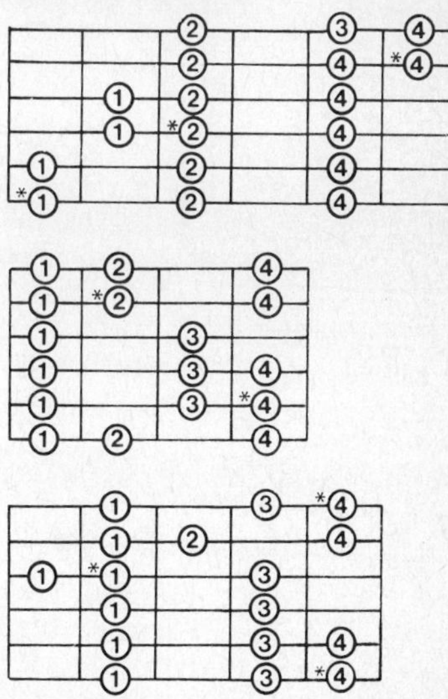

Something **George Harrison**

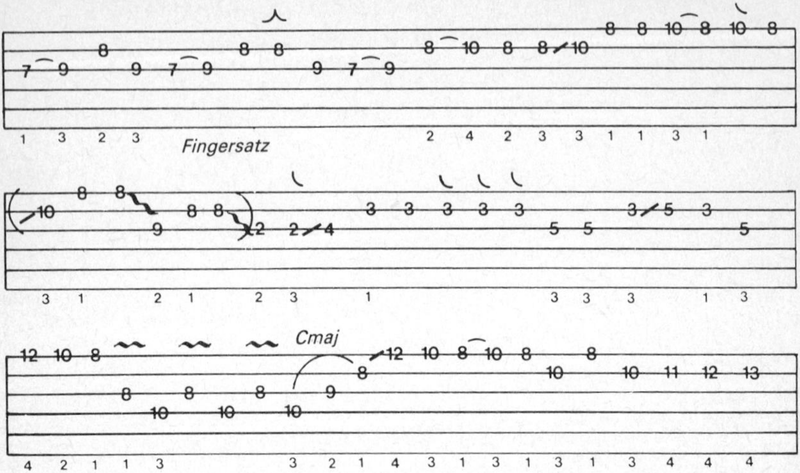

fen und öfters einmal einen Ton durch Ziehen eines benachbarten Tones erzeugen.
Die hier verwendeten Zeichen sind die allgemein üblichen: ⌒ bedeutet Aufschlag oder Abzug, ⁄ steht für Anschleifen von unten, ～ für Anschleifen von oben nach unten. Hinzukommen die Zeichen ◡, für ein Ziehen oder Dehnen der Saite nach oben, und ◟, für das Nachuntenziehen des Tons. Im Original zieht George Harrison bei einigen Tönen die Saite bevor er sie anschlägt, oder er zieht sie sehr schnell hoch, so daß beim Anschlagen der Effekt des Nachuntenziehens entsteht. Außerdem zieht er teilweise auf einem Ton die Saite drei oder vier mal hoch und runter. Um die Phrasierung richtig zu versehen, müssen Sie sich das Original anhören. Daraus können Sie z. B.

entnehmen, ob das Ziehen einen Halb- oder einen Ganzton umfaßt. Der Teil in Klammern ist ein Fill, den er ziemlich schnell spielt.
Tatsächlich besteht der Fill aus zwei kleinen Teilen der Terztonleiter, die Harrison ziemlich oft in diesem Solo benützt. Denken Sie daran, für das Anschleifen nach unten nur den ersten Finger auf der Saite zu lassen. Halten Sie sich genau an den angegebenen Fingersatz, andernfalls

Goodbye to Love — **Richard Carpenter und John Bettis**

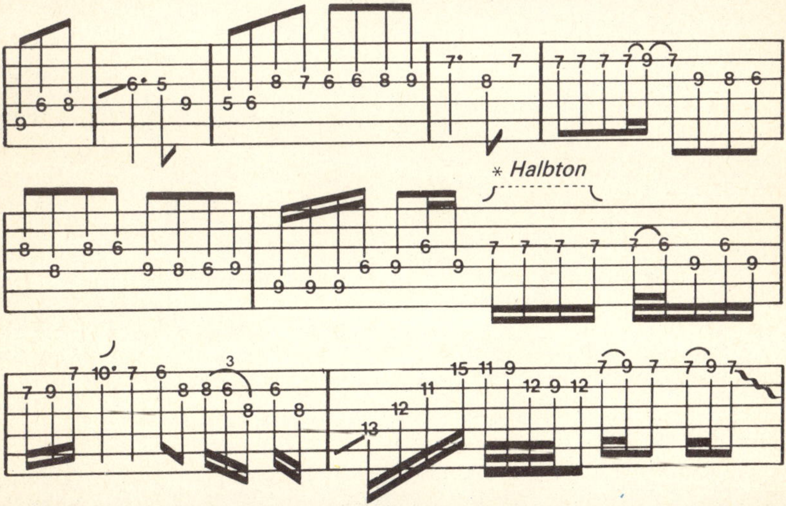

werden Ihnen bestimmte Teile als sehr schwierig erscheinen.
Wenn Sie soweit gekommen sind, werden Sie merken, daß das Solo eigentlich recht einfach ist. Es ist durchaus möglich, daß allen Gitarren-Solos entweder eine Tonleiter oder eine Akkordfolge zugrunde liegt. Im vorliegenden Fall ist es die Kombination von beidem, mit Betonung auf den Terzen, die ja Mini-Akkorde sind, mit Ausnahme des markierten Teils, der Teil eines C-Akkords auf dem achten Bund ist.

»Goodbye To Love«

Der Titel *Goodbye To Love* von den Carpenters enthält ein sehr berühmtes Gitarren-Solo, das an ihr Können hohe Anforderungen stellt. Es besteht nur aus acht Takten. Ein genaues Anhören bei reduzierter Abspielgeschwindigkeit ist äußerst aufschlußreich.
Die Melodielinie selbst ist recht komplex. Der Gitarrist (Tony Peluso) spielt mit höchster Lautstärke mit angehobenen Höhen und etwas Verzerrung, was ihm einen langanhaltenden Ton (Sustain) ermöglicht. Die Verzerrung wird entweder durch den Verstärker selbst oder einen Verzerrer erreicht.
Der Sound ist sehr perkussiv, und der Gitarrist will soviel Lautstärke und Sustain erreichen wie möglich, so daß man bei einigen Tönen direkt hört, wie das Plektrum die Saite anreißt.
Das Solo beginnt täuschend einfach indem es die Melodie mit ein paar zusätzlichen Verzierungen vorstellt. Sogar noch den sechsten Takt beginnt er mit dem entsprechenden Ton, um dann aber drei Takte reinster Virtuosität anzufügen.
Das Geheimnis einer solchen Spielweise liegt im völligen Vertrautsein mit der Melodie und den Akkordfolgen des Stücks, denn Peluso fügt im letzten Takt unvermittelt einen kleinen Lauf ein, der dem unerwarteten C-Akkordschema George Harrisons gleicht.
Das Stück ist in H-Dur, einer für Gitarre seltenen Tonart und zeigt, wie leicht es sich in Tonarten spielen läßt, die für andere Instrumente unangenehm zu spielen sind.
Peluso verwendet in diesem Beispiel eine interessante Technik. Sie ist durch ein Sternchen gekennzeichnet. Und zwar wird ein Ton durch Ziehen der Saite erhöht und sofort danach einen Bund tiefer angeschlagen. Der Ton – auf dem siebten Bund der G-Saite – wird einen Halbton hochgezogen und mit maschinengewehrartiger Schnelligkeit angeschlagen. Er wird durch den zweiten Finger gedrückt, während der erste Finger in Wartestellung dahinter liegt. Beim fünften Schlag des Plektrums kehrt die Saite in ihre Ausgangslage zurück, der Finger wird ruckartig weggezogen und bringt so den, auf dem dahinterliegenden Bund gedrückten Ton zum Klingen.
Der Aufbau des Solos ist bemerkenswert. Solange es der Melodie folgt, bleibt es mehr oder weniger in derselben Lage, und es finden alle Saiten außer der sechsten Verwendung. Der dreitaktige »Ausbruch«

bewegt sich abschnittsweise sowohl über alle Saiten, als auch über den oberen Teil des Griffbretts und zwar so, daß aus den höheren Saiten am meisten herausgeholt wird, denn sie geben soundmäßig mehr her als die tieferen Saiten.
Das Solo erreicht seinen Höhepunkt

Carlos Santana gehört zu den melodischsten Gitarristen des Rock. Sein »Samba Pati« besitzt Augenblicke strahlender Schönheit.

und jetzt, beim Wiedereinsetzen des Gesangs, klingt es beinahe wie ein Seufzer aus der Gitarre und nicht wie ein Schlußpunkt, wenn die Hand des Gitarristen wie erschöpft den Hals hinunterrutscht.

Elektroakustische Merkmale der Gitarre

Ihre elektrische Gitarre sollte mindestens zwei Knöpfe haben, einen zum Klang regeln und einen zur Lautstärkeregulierung. Bei billigen Gitarren kann es sein, daß sie keine zunehmende Intensitätsregulierung gewährleisten. Der Lautstärkeknopf verhält sich dort in manchen Fällen wie ein Ein/Aus-Schalter, obwohl er sich um 350 Grad drehen läßt, und der Klangregler läßt Ihnen nur die eine Wahl: entweder ein Ton oder gar kein Ton.

Bei guten Gitarren sind diese Regler wesentlich hilfreicher. Wenn sie mit verschiedenen Verstärkern und Fußpedalen oder Effektgeräten experimentieren, werden Sie merken, daß bestimmte Geräusche entstehen, wenn ein Regler eine bestimmte Position erreicht, vorausgesetzt, man hat bereits eine bestimmte Einstellung gewählt. Zu dieser Einstellung kann sogar die Position der Gitarre zum Verstärker gehören.

Das weite Feld der Klangeffekte läßt sich nur schwer lehren, weil hier viel vom Instrument, von der Anlage und von der Akustik abhängt.

Die Lautstärke

Ein Klangeffekt sollte mit jeder Gitarre zu erzielen sein: ein Ton, der wie aus heiterem Himmel plötzlich da ist. Man hört keinen Anschlag, der Ton klingt wie hingeblasen und nicht wie durch einen Anschlag erzeugt.

Carlos Santana setzt diese Technik sehr wirkungsvoll ein ebenso wie ein anderer Virtuose auf diesem Instrument, Roy Buchanan.

Das Geheimnis besteht darin, wie der Lautstärkeknopf eingesetzt wird. Dieser kann soweit gedreht werden, daß kein Ton mehr aus dem Verstärker kommt, aber bei der kleinsten Drehung des kleinen Fingers der rechten Hand erklingt ein ausgehaltener Ton, der bereits angeschlagen worden ist.

Die Rückkopplung (Feedback)

Rückkopplung tritt immer dann auf, wenn der Ton, den der Lautsprecher abgibt, die Saite in Schwingungen versetzt und dadurch der Ton weiter anschwillt.

Das passiert aber nur bei großer Lautstärke und bestimmten Frequenzen. Die Gitarre muß dabei dem Lautsprecher zugewandt und in geringer Entfernung davon sein.

Sehr oft kann man diesen Effekt dann erreichen, wenn ein Klangregelknopf über einen gewissen kritischen Punkt hinaus gedreht worden

Eric Clapton, einer der besonders rhythmischen Solo-Gitarristen – und ein hervorragender Blues-Gitarrist – besitzt ein besonders ausgeprägtes Gefühl für das Raumlassen in seiner Musik.

ist. Wieder kann der kleine Finger der rechten Hand dazu benutzt werden, das Feedback anschwellen zulassen und zu kontrollieren. Die Betonung liegt auf »kontrollieren«. Rückkopplung sollte nur dann auftreten, wenn Sie sie bewußt bei einem bestimmten Ton für eine ganz bestimmte Zeitdauer einsetzen wollen.

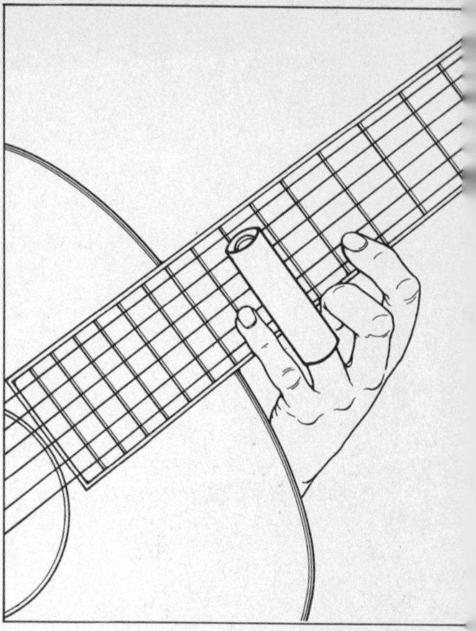

Das Bottleneck

Die Kunst, »Slide Guitar« zu spielen, ist etwas ganz Spezielles und benötigt eigentlich ein eigenes Buch.
Sie können Bottlenecks aus Metall oder Glas kaufen. Am besten kaufen Sie von jedem eines und probieren sie dann aus. Die Kosten sind unerheblich.
Das Bottleneck wird von vielen gerne auf dem Ringfinger getragen. Der kleine Finger kann so noch abdämpfen, und Zeige- und Mittelfinger spielen die tiefen Töne.
Bei normaler Stimmung der Saiten können Sie mit Hilfe der gelernten Tonleitern Melodien auf den oberen vier Saiten spielen. Dabei sollte das Anschleifen der Töne genau über den Bundstäbchen erfolgen und nicht dahinter. Die Saite selbst sollte nicht gedrückt werden.
Jetzt können Sie die Tonlänge nicht mehr durch ein Nachgeben der linken Hand bestimmen. Zum Abdämpfen der Saiten müssen nun entweder der kleine Finger der linken Hand oder Teile der rechten Hand benutzt werden.
Drei weitere Möglichkeiten sollte man kennen, wenn man Slide Guitar spielt. Zu einem Ton hinaufzugleiten und dann wieder herunter kann, wenn es sparsam eingesetzt wird, sehr wirkungsvoll sein.
Ein ähnlicher Klang wie beim Tremolo kann durch eine vibratoähnliche Bewegung mit dem Bottleneck erzielt werden.
Bei den meisten Tönen, die man spielt, sollte das Bottleneck von der Saite abgehoben werden, in neuer Position wieder aufgesetzt und dann die Saite angeschlagen werden.
Schließlich kann man auch noch mit offenen Stimmungen, die einen Akkord bilden, Terzen oder Quinten spielen. Die dafür am häufigsten angewandten Stimmungen sind: E H E Gis H E; D A D A D Fis; E A E A Cis E und G H D G H F.

Das Spielen in einer Gruppe

Ein Instrument nur für sich selbst zu spielen, kann viel Freude machen. Weitaus befriedigender ist es aber für einen Musiker, sich mit Gleichgesinnten zu einer Band zusammenzuschließen und die gemeinsamen Ideen schließlich auf der Bühne zu präsentieren. Ein Auftritt vor einem mitgehenden Publikum ist eine nachhaltige Erfahrung und kann unter Umständen die auslösende Kraft sein, die aus einem begeisterten Amateur einen Profimusiker werden läßt.

Die Zusammensetzung der Gruppe

Die erste Gruppe, die man zusammenstellt, besteht in der Regel aus ein paar Freunden.

Ob man akustisch oder elektrisch verstärkt spielen will, man muß in jedem Fall sorgfältig auf die Zusammensetzung der neu entstehenden Gruppe achten. Es ist von entscheidender Wichtigkeit, ob man mit einer Gruppe öffentlich auftreten will, die aus sechs Solo-Gitarristen besteht, die auch noch singen wollen.

Als erstes braucht jede Gruppe einen Bandleader. Im allgemeinen haben Gruppen, die nach demokratischen Prinzipien arbeiten nur bis zu einem bestimmten Grad Erfolg.

Der Bandleader braucht nicht der beste Musiker, Arrangeur oder Song-Schreiber der Gruppe zu sein. Eines aber muß er sein: der beste Organisator.

Es gehört zu seinen Aufgaben, dafür zu sorgen, daß alle beim Üben erscheinen, daß die Gruppe niemand mitzieht, der mit seinen musikalischen Fähigkeiten hinterherhinkt, und er bestimmt auch maßgeblich die musikalische Richtung der Gruppe.

Der Bandleader kümmert sich um Auftritte, handelt Gagen aus, führt für die Gruppe das Wort und tritt ganz einfach als Manager, Agent und Werbefachmann auf, bis die Gruppe so erfolgreich ist, daß sie jemand in diesen Funktionen einstellen kann.

Für eine Gruppe ist eigentlich jede Kombination von Instrumenten möglich, vorausgesetzt die Gruppenmitglieder sind sich über die durch die Zusammensetzung der Gruppe gesetzten Grenzen im klaren. Zunächst müssen Sie einfach experimentieren und dann, sofern es nötig ist, skrupellos genug sein, um Musiker aufzunehmen und zu entlassen.

Denken Sie daran, alles ist möglich! Die Gruppe kann einen eigenen, originellen Stil haben, bereits erfolgreiche Bands imitieren oder beides miteinander kombinieren.

Unverstärkte Gruppen

Am einfachsten ist, eine akustische Gruppe zu formieren. Sie brauchen dazu nur Ihre Instrumente und Ihre Stimmen. Besondere Räumlichkeiten zum Proben sind nicht erforderlich.

Duos

Die Folk Clubs sind voll von Duos, die unverstärkt spielen, und leider muß jede Band, die unverstärkt spielt, im Folk Club ihre ersten Sporen verdienen. Wenn Ihre Musik im weitesten Sinne als Folk bezeichnet werden kann, ist das nicht weiter schlimm, aber jede andere Form von Musik muß außergewöhnlich gut dargeboten werden. Es ist immer das Publikum, das eine Leistung beurteilt. Zwar kann man ein Publikum angenehm überraschen, aber man sollte nicht riskieren, es zu schockieren.

Seite 109:
The Jam. Eine mitreißende Bühnen-Show ist für das Publikum oft genauso wichtig wie die Musik.

Als Solo-Gitarrist im Duo mit Bert Jansch und in der Gruppe Pentangle hat John Renbourn seine großartige Technik auf der akustischen Gitarre unter Beweis gestellt.

Eine vielversprechende Kombination sind zwei Gitarren mit oder ohne Gesang. Am einfachsten ist es, wenn einer Solo- und der andere Rhythmus-Gitarre spielt.
Wenn auch Gesang dazukommen soll, müssen beide Gitarren als Begleitinstrumente fungieren. Weil zwei Gitarren, die dieselben Akkorde spielen, recht langweilig klingen können, müssen nun die Stücke »arrangiert« werden. Es gibt verschiedene Möglichkeiten, wie man das angehen kann.
Beide Gitarristen können Rhythmus spielen, wobei der eine in der ersten Lage und der andere dieselben Akkorde in einer höheren Lage auf dem Griffbrett spielt.
Einer schlägt den Rhythmus, während der andere mit Finger-Stil ein Motiv zupft, das die Melodielinie ergänzt. In diesem Fall wird derjenige, der die Akkordbegleitung spielt, auch der Sänger sein. Wichtig ist jedoch, daß die Akkordbegleitung das Finger-Picking des Partners nicht völlig zudeckt.
Beide Gitarristen zupfen. Das ist zunächst gar nicht so einfach, weil die verschiedenen Picking-Stile sich vollständig ergänzen müssen, oder sie werden überhaupt nicht zusammenpassen.
Wenn beide auch singen, ist es notwendig, daß das Schlagen und Pikking kombiniert werden. Mit etwas Übung wird es Ihnen bald gelingen, ziemlich komplexe Motive zu spielen und gleichzeitig dazu zu singen. In der Praxis könnte das so aussehen: Während des Verses spielt einer Rhythmus, der andere zupft. Im Refrain, das gilt besonders wenn das Publikum mitsingt oder mitklatscht, kann es sein, daß beide Rhythmus spielen müssen. Direkt an den Refrain können Sie einen sorgfältig ausgearbeiteten Instrumentalbreak anschließen, wo Sie beide wieder zupfen.
Eine schwierige, aber lohnende Möglichkeit, im Duo zu spielen, besteht darin, daß einer die Melodie und der andere Fills dazuspielt. Die Melodie wird in Form eines klassischen Arrangements gespielt, das auch einige Akkorde, Harmonien im Baß usw. enthält. Der zweite Gitarrist fügt improvisierte Fills hinzu.
Duos mit anderer Instrumentierung müssen entsprechend dem Charakter der verwendeten Instrumente wohl überlegt sein. Ein Banjo z. B. neigt dazu, eine Gitarre zu überdekken, wenn diese nicht geschlagen oder sehr kräftig gezupft wird. Darin liegen die Gitarren-Stile der Country- und Bluegrass-Musik begründet.

Die Gruppe

Mit jedem weiteren Instrument, das man hinzunimmt, wird die akustische Gitarre immer schlechter hörbar. Man sollte daran denken, daß ein Arrangement für mehrere Instrumente nicht wie eine Jam Session klingen sollte.
Von einer Jam Session spricht man, wenn mehrere Musiker sich zusammensetzen und versuchen, gemeinsam etwas zu spielen, in der Regel einen 12taktigen Blues, bei dem jeder

Mitwirkende die Möglichkeit zu einem Solo erhält.
Eine Jam Session wird erst dann zu einem richtigen Auftritt, wenn jemand die verschiedenen Fähigkeiten und Möglichkeiten der einzelnen Musiker und ihrer Instrumente richtig erkannt hat und jedem eine bestimmte Aufgabe zugewiesen hat. Musiker, die das Alleinspielen gewohnt sind, neigen dazu, alles selbst zu spielen und erwarten von anderen, daß sie etwas spielen, was die Sache ergänzt und abrundet. Das wahre Geheimnis liegt darin, das eigene Spiel auf das Notwendigste zu beschränken. Dies gilt sowohl für akustische als auch für elektrisch verstärkte Gruppen.

The Beatles. Sie verwendeten immer wieder aufregende und wegweisende Gesangs- und Instrumentalarrangements für ihren charakteristischen Sound.

Der Bühnenaufbau
(Unten links) Die Gitarre ist an einen Booster angeschlossen, der das Signal vorverstärkt und an den Verstärker weitergibt, von dem aus schließlich die Lautsprecher angesteuert werden.
(Rechts) Auf der Bühne kann der Gitarren-Sound ruhig aus der hinteren Lautsprecher-Front kommen. Eine andere Möglichkeit besteht darin, daß man die Lautsprecher durch ein Mikro oder durch Direktabnahme über die PA laufen läßt, damit der Toningenieur vom Mischpult aus den Sound besser in das Gesamtklangbild einfügen kann.
Gesang und Schlagzeug gehen automatisch in den Mixer und Gesangsverstärker und werden möglichst von einem Platz mitten im Publikum ausgesteuert.
Damit die Gruppe hören kann, was sie spielt, sollten zwei Monitor-Lautsprecher vorne an der Bühne in Richtung der Musiker abstrahlen.
Der Mixer sollte einen Kanal für jedes Mikrofon besitzen. Sollen die Instrumente nicht über die PA laufen, müßten sechs Kanäle in aller Regel ausreichen. Für eine spätere, eventuelle Erweiterung der Gruppe wären ein paar Kanäle mehr aber durchaus vorzuziehen. Gute Qualitätsmikrofone sind der wichtigste Teil der Gesangsanlage.

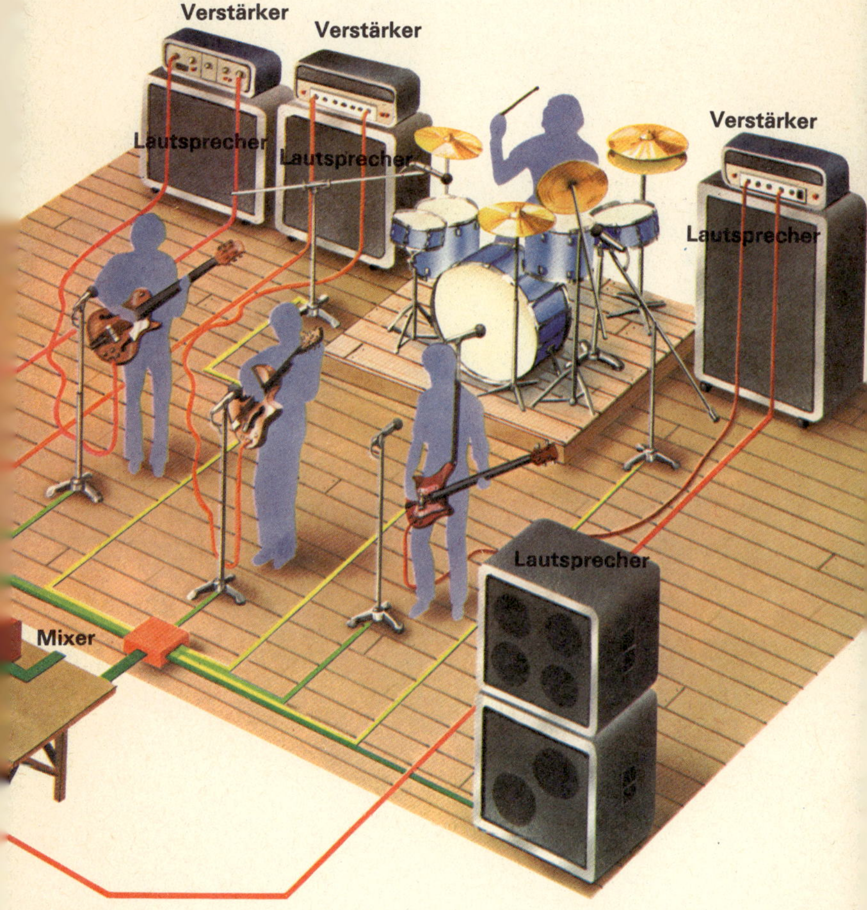
Verstärker
Verstärker
Lautsprecher
Lautsprecher
Verstärker
Lautsprecher
Lautsprecher
Mixer

Das Arrangieren

Da die Gitarre sowohl Rhythmus- wie auch Melodieninstrument ist, eignet sie sich hervorragend zum Ausarbeiten von Arrangements.

Baßlinien können gefunden und an Baßgitarristen, Baritonsaxophonisten, Posaunisten usw. weitergegeben werden.

Melodielinien und Begleitstimmen können von den dafür geeigneten Solo-Instrumenten wie Mandoline, Violine, Flöte oder den Sängern/ Sängerinnen übernommen werden.

Mehrstimmige Gesangsbegleitung wird übrigens wie die Baßlinien aus Akkordfolgen abgeleitet. Jeder Ton, der sich außer dem Melodieton in einem Akkord befindet, steht in Harmonie zum Melodieton. Die schönsten Harmonien enden gelegentlich auf dem Melodieton und sind ganz einfach zu finden, indem man sich auf die Tonika, die Terz und die Quinte konzentriert.

Vergessen Sie nicht, daß einige Instrumente am besten in etwas ungewöhnlichen Tonarten spielen. Die Holz- und Blechblasinstrumente bevorzugen z. B. B und Es. Es lohnt sich, etwas über die Instrumente, die man arrangiert, zu lesen und Erfahrungen von entsprechenden Instrumentalisten einzuholen.

Elektrisch verstärkte Gruppen

Das erste Problem stellt sich bereits bei der Lautstärke. Das heißt, daß Sie die richtige Anlage haben müssen ebenso wie einen geeigneten Übungsraum, wo Sie in Ruhe üben können.

Solo- und Rhythmus-Gitarristen sollten mit etwa 30 Watt beginnen. Der ausschlaggebende Faktor ist aber immer der Schlagzeuger. Er spielt unverstärkt und kann deshalb seine Lautstärke nicht regulieren. Die ersten Auftritte sind, unter dem Gesichtspunkt der Klangausgewogenheit betrachtet, wahrscheinlich Reinfälle, deshalb muß man es immer wieder neu versuchen.

Versuchen Sie zum Üben einen leeren Saal oder einen großen Raum in einer Gaststätte oder einem Club zu bekommen. Das macht es leichter, einen ausgewogenen Klang zu finden, denn jemand kann in größerer Entfernung den Gesamtklang hören.

Leider ist der Sound der Gruppe beim Üben ein völlig anderer als der, den sie bei einem öffentlichen Auftritt hat. Das Publikum »schluckt« den Sound und verändert die akustischen Gegebenheiten eines Raumes in erschreckender Weise.

Ähnlich ergeht es dem Solisten, der seine Lieder mit Gitarrenbegleitung im Schlafzimmer übt. Er fällt aus allen Wolken, wenn er bei seinem ersten Auftritt in einem Club erfahren muß, daß er doppelt so laut singen muß, um die Unterhaltung der Anwesenden zu übertönen, und daß er die eigene Gitarre kaum hört.

Der ausgewogene Klang

Die Lösung des Problems, zumindest teilweise, bringt eine PA-Anlage (Public Address). Eine kleine, gebrauchte PA kostet nicht die Welt, und man benötigt einen Kleinbus bzw. Lieferwagen, um die PA, die Instrumente und die restliche Anlage zu transportieren. Ein Toningenieur wird ebenfalls benötigt.

Anfangs kann man die PA am Auftrittsort benützen oder zu bestimmten Auftritten eine ausleihen. Aber bald wird die Anschaffung der eigenen PA unumgänglich.

In diesem Stadium der Entwicklung der Gruppe wird das Problem allmählich wegfallen, daß der Klangeindruck auf der Bühne ein anderer ist als im Saal. Das wird möglich durch den Einsatz sogenannter Monitor-Lautsprecher oder Kontroll-Boxen. Diese bestehen einfach aus ein paar kleinen Lautsprechern, die auf die Gruppe gerichtet sind. Wie gut jedes Instrument auf der Bühne zu hören ist, regelt der Mann am Mischpult, mittels der Fold-back-Regler.

Der Auftritt

Wenn man wirklich ernsthaft auftreten will, braucht man Material für mindestens zwei Stunden. Man sollte sich gut überlegen, in welcher Reihenfolge man die Stücke spielt. Die besten Nummern müssen nicht immer gleich den stärksten Eindruck machen. Im allgemeinen ist es sinnvoll, mit Stücken zu beginnen, die das Publikum richtig anheizen und seine Aufmerksamkeit erzwingt.

Hängen Sie nicht zuviele langsame Nummern aneinander. Nachdem drei Viertel des Auftritts vorbei sind, beginnen Sie, das große Finale aufzubauen. Sparen Sie sich einen guten Song für die Zugabe auf – dann wird das Publikum eine zweite fordern.

Verwenden Sie große Sorgfalt auf Ihre äußere Erscheinung. Sie sind nicht nur irgendein Musikant, Sie sind ein Entertainer. Bringen Sie etwas Schauspielerei in Ihren Auftritt und versuchen Sie, Ihre Persönlichkeit ebenso wie Ihre Musik dem Publikum vorzustellen. Seien Sie dabei einfallsreich und originell. Imitieren Sie nicht einfach Ihre Idole.

Verträge

Wenn Ihre Band mit der Zeit Erfolg hat, werden Sie einen Manager benötigen, der die Auftritte bucht, und der eventuell mit interessierten Schallplattenfirmen verhandelt. Wenn Sie einen Vertrag mit einer Plattenfirma machen, um eigenes Material aufzunehmen, benötigen Sie auch einen Musikverlag. Bevor Sie jedoch einen Vertrag unterschreiben, sollten Sie sich immer sorgfältig über die rechtliche Situation erkundigen: es könnte Ihnen eine Menge Geld und Enttäuschungen ersparen.

Grifftabelle

Es gibt drei grundsätzliche Griffformen, von denen alle Grundakkorde abgeleitet werden können. Bei den angegebenen Beispielen ist der Grundton (Tonika) mit einem Doppelkreis markiert. Die Beispiele sind in G, E und C, aber die Grifformen können für jede erforderliche Ton-

G

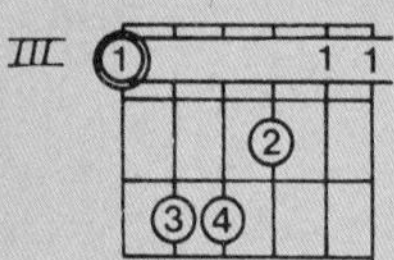

Gm

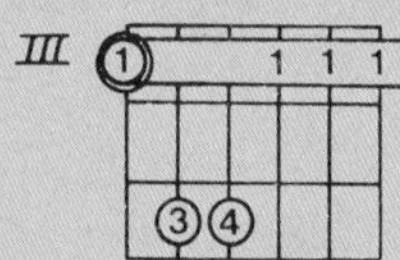

G6

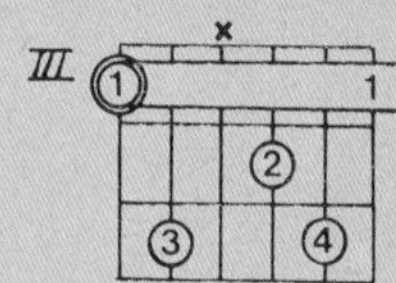

G7

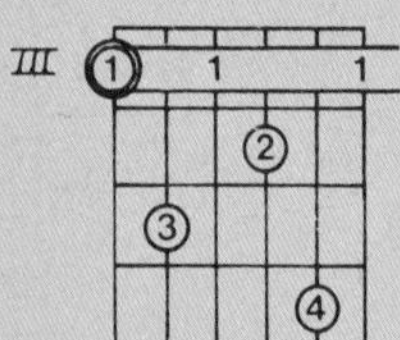

Gmaj7

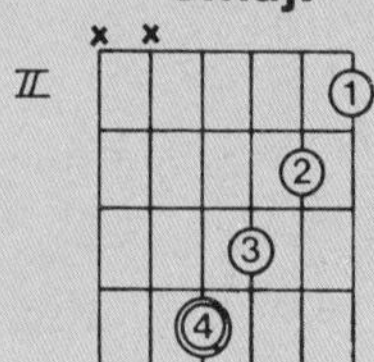

Gm7

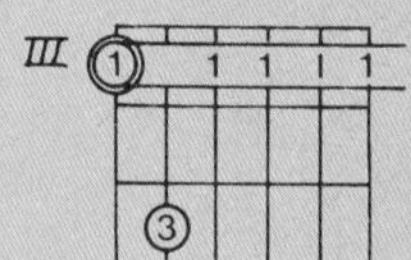

Gm6

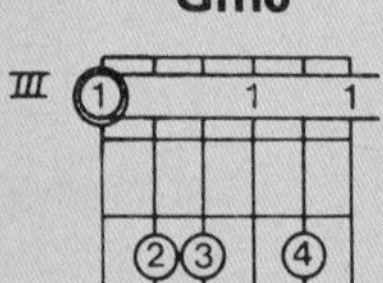

G+

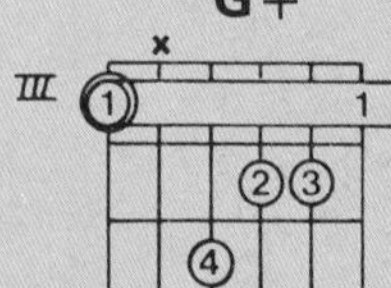

G°

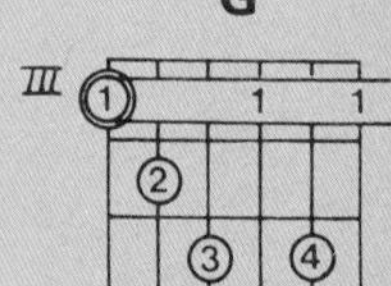

G9

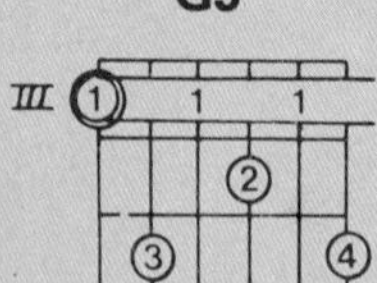

G7–5

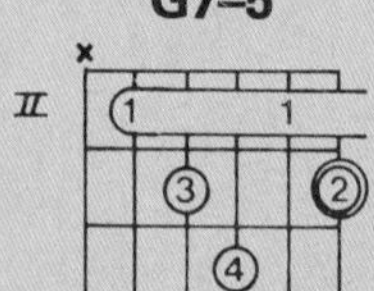

Gm7–5

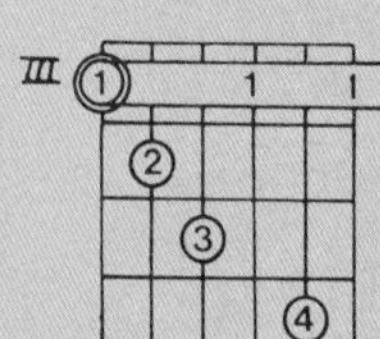

E

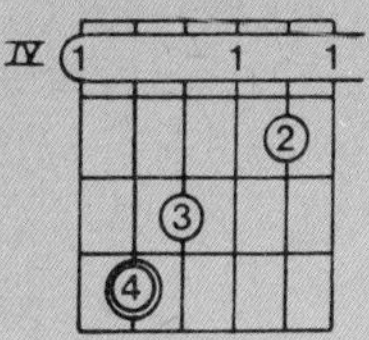

Em

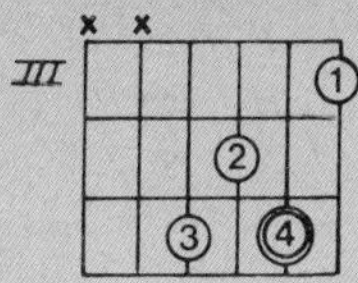

E6

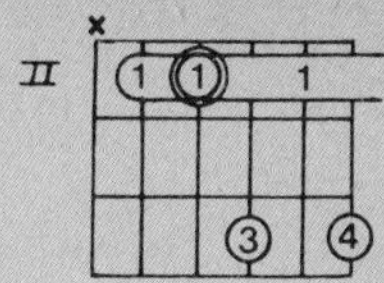

E7

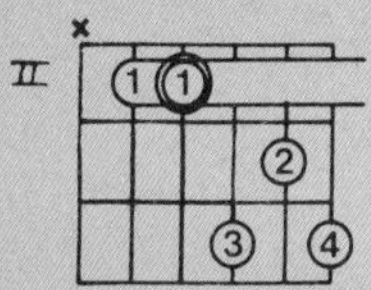

Emaj7

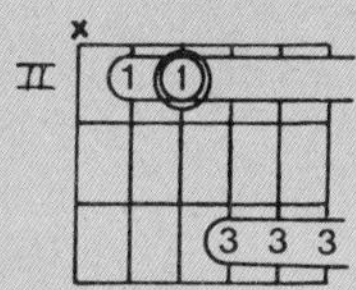

Em7

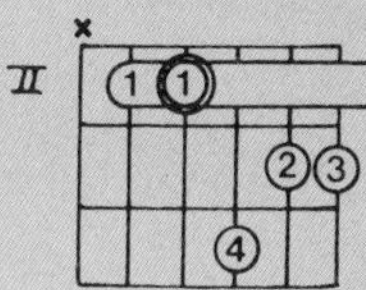

Em6

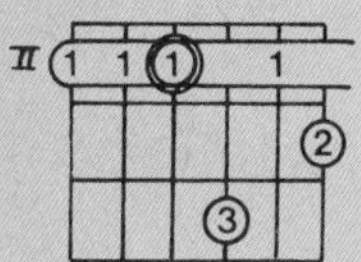

E+

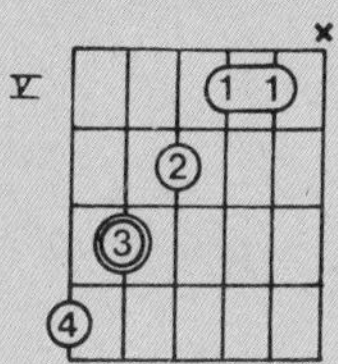

E°

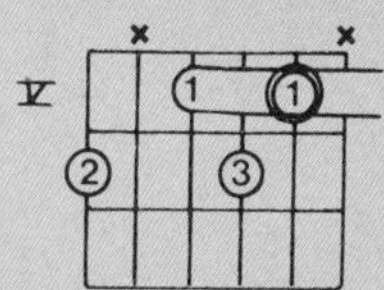

E9

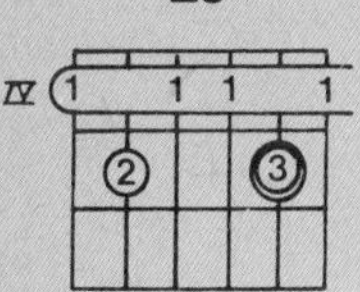

E7–5

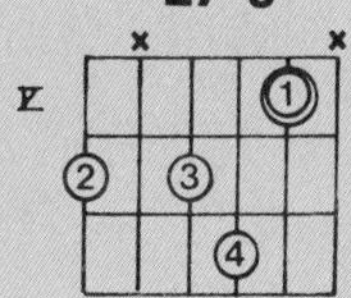

Em7–5

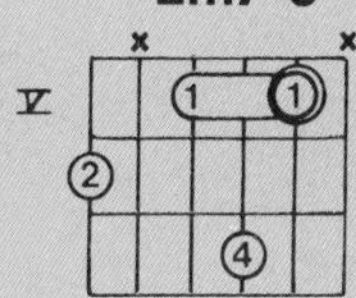

C

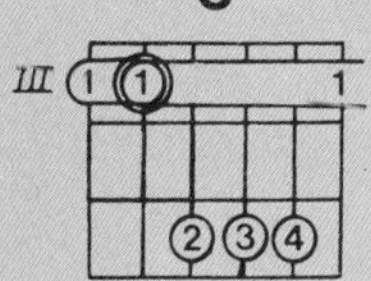

Cm

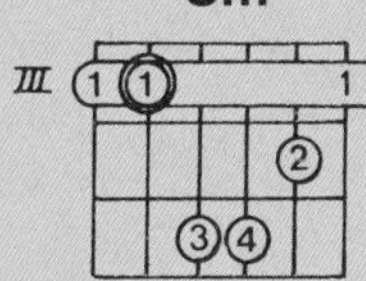

C6

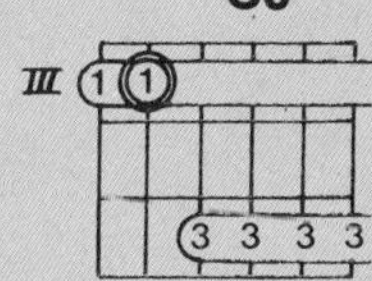

C7

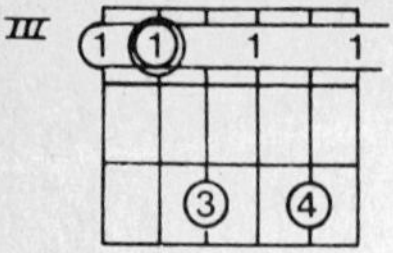

Cmaj7

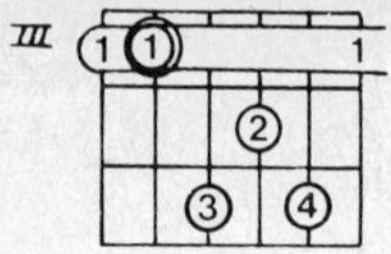

Cm7

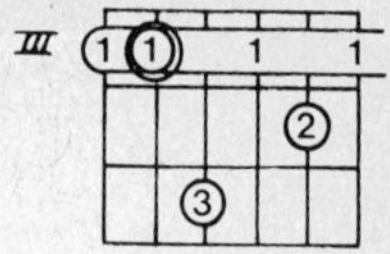

Cm6

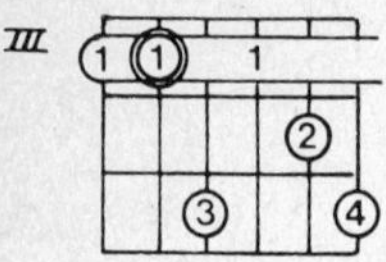

C+

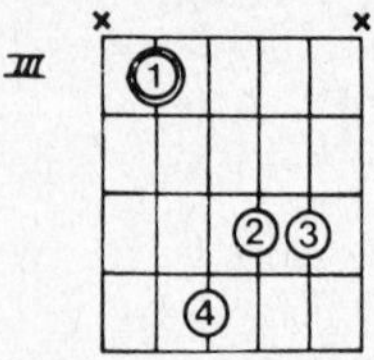

C°

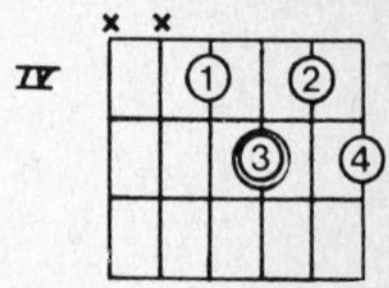

C9

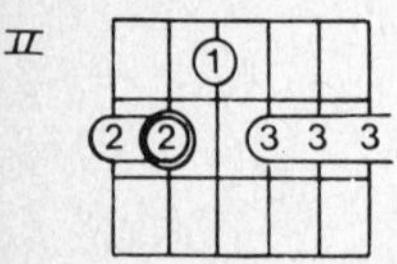

C7–5

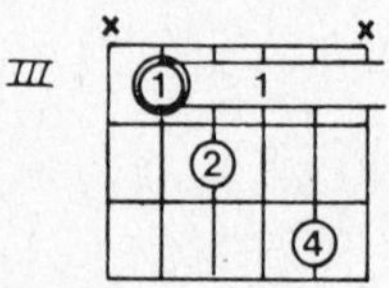

Cm7–5

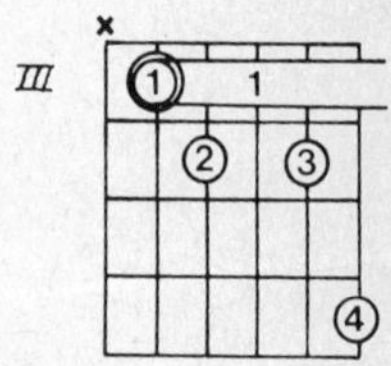

Berühmte Gitarristen

Atkins, Chet (geb. in Lutrell, Tennessee, USA, 1924)
Ursprünglich Country-Musiker. Zog nach Nashville und wurde dort zum führenden Musiker, noch bevor es in den 50er Jahren zu einem bedeutenden Zentrum der Schallplattenindustrie wurde. Als Vize-Präsident von RCA produzierte er frühe Presley-Aufnahmen für dieses Label.
Atkins' größter Beitrag als Gitarrist war seine außergewöhnliche Finger-Stil-Technik, die die Spielmöglichkeiten auf dem Instrument vorangetrieben hat und Inspiration für viele junge Gitarristen war.
Schallplatten: *Famous Country Music Makers* (RCA), *Best of Chet Atkins and Friends* (RCA), *A Legend Reforms* (RCA), *Guitar Monsters* (RCA), *Me and My Guitar* (RCA).

Beck, Jeff (geb. in Surrey, England 1944)
Von den Rockgitarristen wird er nur noch von Clapton und Hendrix an Einfallsreichtum und Technik übertroffen. Seine Wurzeln liegen im Blues. Bei den Yardbirds war er der Nachfolger von Eric Clapton. Später gründete er dann die Jeff Beck Group mit Rod Stewart als Sänger. Die Gruppe durchlief zahlreiche Veränderungen bis es 1972 zu der Formation Beck Bogart and Appice kam. Danach arbeitete er an seiner Solokarriere. Seine Spielweise, die zu einem großen Teil auf Rückkopplung und Verzerrung beruht, ist manchmal im Charakter unausgewogen, hat sich aber laufend verbessert, und der Höhepunkt seines Schaffens liegt vielleicht noch vor uns.
Schallplatten: *Over Under Sideways Down* (Columbia), *Truth* (Columbia), *Beck-Ola* (Columbia), *Rough and Ready* (Epic), *Jeff Beck Group* (Epic), *Beck, Bogart and Appice* (Epic), *Blow By Blow* (Epic).

Berry, Charles Edward (Chuck) (geb. in St. Louis, Missouri, USA, 1931)
Dieser Mann war wahrscheinlich der größte Erneuerer der Rock-Gitarre. Grundkenntnisse auf der Gitarre lernte er in der Schule. 1955 spielte er mit Muddy Waters, der ihn zum Vorspielen zu Chess Records schickte. Seine erste Platte *Maybellene,* die gegen Ende des Jahres herauskam, verkaufte sich in wenigen Wochen eine Million mal.
Man könnte sagen, Berry erfand den »Terz-Stil« der Blues-Spielweise. Daneben schrieb er einige der großen Rock-Standards, wie zum Beispiel *Roll Over Beethoven, Sweet Little Sixteen, Johnny B. Goode, Carol, Reelin' and Rockin', Memphis, Tennessee* und andere.
Obwohl manche behaupten, daß er als Gitarrist überbewertet wird, war Berry seither für jeden Rhythm-and-Blues-Gitarristen wegweisend.
Schallplatten: *More Chuck Berry* (Pye), *Juke Box Hits* (Pye), *The Latest and The Greatest* (Pye), *No Particular Place To Go* (Pye), *Greatest Hits* (Chess), *Fresh Berry's* (Chess), *Chuck Berry in London* (Chess), *At Fillimore Auditorium* (Mercury) , *In Memphis* (Mercury), *Concerto in B. Goode* (Mercury), *Back in The USA* (Philips), *San Francisco Dues* (Mercury), *Back Home* (Chess), *London Sessions* (Chess), *Golden Decade Vols 1, 2 and 3* (Chess), *Bio* (Chess).

Bream, Julian (geb. in London, England, 1933)
Lernte zunächst Klavier spielen, aber sein Vater spielte in einer Tanzkapelle Schlaggitarre, und so kam Bream über den Jazz zur Gitarre. Er war zunächst Autodidakt, hörte viel auf das, was im Radio gespielt wurde und schaute von anderen Gitarristen ab. Danach studierte er am Royal College of Music Klavier, Cello und Kompositionslehre. Damals war das College der Gitarre gegenüber so voreingenommen, daß ihm der Rektor das Gitarrenspiel verbot.

Mehrere zeitgenössische Komponisten haben für ihn komponiert, darunter Benjamin Britten, William Walton und Malcolm Arnold.

Schallplatten: *Together* (RCA), *Concierto de Aranjuez* (RCA), *Concerto for Guitar and Lute* (RCA), *The Art of the Spanish Guitar* (RCA), *Romantic Guitar* (RCA), *Julian Bream Plays Villa-Lobos* (RCA), *Together Again* (RCA), *The Woods go Wild* (RCA), *Baroque Guitar* (RCA), *Popular Classics for Spanish Guitar, Julian Bream* (RCA), *The Art of Julian Bream* (RCA), *Elizabethan Serenade* (RCA).

Broonzy, William Lee Conley (Big Bill) (geb. in Scott, Mississippi, USA, 1893; gestorben 1958)
Gehört zur ersten Generation der auf Schallplatte verewigten Blues-Gitarristen. Kann vielleicht am ehesten als der Blues-Musiker der Weißen bezeichnet werden. Gegen Ende seiner Lebenszeit spielte er auch die elektrische Gitarre und verkaufte in Europa eine sorgfältig aufgemachte Art von Country Blues.

Big Bill war aber kein Country Blues-, sondern ein Chicago Blues-Musiker, der viel von Blind Lemon Jefferson übernommen hatte. Er zog die dritte und die erste Saite in einer ihm eigenen Weise. Charakteristisch für seine Spielweise waren auch seine komplizierten Baßläufe, anstelle eines einfachen Wechselbasses. Mit seiner unter die Haut gehenden Art zu dämpfen, fügte er seiner Spielweise ein stark rhythmisches Element bei.

Broonzys Stil war durchdringend und klar, im Gegensatz zu anderen Blues-Musikern, und sein einfallsreiches Spiel rückte ihn in die Nähe des Jazz.

Schallplatten: *Big Bill Broonzy Sings Folk Songs, Big Bill Broonzy, Big Bill Broonzy Sings Country Blues, Big Bill Broonzy Songs and Stroy, Big Bill Broonzy with Washboard Sam.*

Carcassi, Matteo (1792 bis 1853)
In Florenz geboren, erweiterte er Carcullis Technik durch eine vollständige Gitarrenmethodik, die noch heute weit verbreitet ist. Seine Übungen sind gut arrangiert und verbessern die Spieltechnik. Sie sind außerdem sehr liedhaft und melodiös.

Carulli, Ferdinand (1770 bis 1841)
Geboren in Neapel. Ließ sich in Paris nieder. Carulli ist am besten bekannt durch seine »Gitarrenschule für jedermann«, die heute noch erhältlich ist.

Christian, Charlie (geb. in USA, 1919, gestorben 1942)
Spielte als Erster elektrische Gitarre und Einzelton-Melodielinien. Er wuchs auf in Oklahoma City und schloß sich mit zwanzig Jahren Benny Goodmans Band an. Zunächst spielte er akustische Schlaggitarre, bis er auf eine Gibson ES 150 umstieg, die sehr wahrscheinlich die erste elektrische Gitarre war.

Obwohl Christian Gitarrist war, wollte er einen saxophon-ähnlichen Klang. Entsprechend spielte er auch Gitarre und ebnete dadurch den Weg für jeden improvisierenden Jazz- und Sologitarristen. Seine Improvisationen beruhten nicht nur

auf den gewöhnlichen Akkordfolgen, sondern auch auf alterierten Akkorden und auf flüchtig angespielten Tönen.
Schallplatten: *Solo Flight* (CBS), *With the Benny Goodman Sextet* (CBS), *Charlie Christian and Lester Young/Together 1940* (Jazz Archives), *Live With The Benny Goodman Sextet 1940* (Jazz Archives), *Spirituals to Swing* (Vogue).

Clapton, Eric (geb. in Surrey, England, 1945)
Begann mit siebzehn, Gitarre zu spielen und trat mit lokalen Gruppen auf, bis er 1963 zu den Yardbirds stieß. Nach musikalischen Differenzen verließ er 1965 die Gruppe und ging zu John Mayalls Bluesbreakers.
1966 formierte er Cream mit Jack Bruce und Ginger Baker. Seine Auseinandersetzung mit dem Blues war wegweisend. Als sich Cream 1968 auflöste, arbeitete er mehrfach mit anderen Musikern zusammen. Einige Gruppen waren Mißerfolge, wie Blind Faith, während andere, wie zum Beispiel Derek und The Dominos hervorragende Musik wie *Layla* hervorbrachten.
1971 zog er sich aus gesundheitlichen Gründen praktisch ganz zurück. Er erschien wieder 1974 mit dem Album *461 Ocean Boulevard,* das ihn als einen Allround-Künstler auswies.
Clapton war der erste der großen Rock-Gitarristen. Er ist mit Sicherheit ein großartiger Gitarrist mit einem natürlichen Gefühl für das Instrument und einem verblüffenden Sinn für Rhythmus und Understatement. Es wird jedoch noch einige Zeit vergehen müssen, bis man ihn in einer ihm zukommenden Weise beurteilen kann.
Schallplatten: *Sonny Boy Williamson and The Yardbirds* (Fontana), *Five Live Yardbirds* (Columbia), *John Mayall's Bluesbrakers with Eric Clapton* (Decca), *Fresh Cream* (Reaction), *Disraeli Gears* (Reaction), *Wheels of Fire* (Polydor), *Goodbye* (Polydor), *Blind Faith* (Polydor), *Live Cream* (Polydor), *Delaney and Bonnie and Friends with Eric Clapton on Tour* (Atlantic), *Layla* (Polydor), *Live Cream Volume 2* (Polydor), *Derek and the Dominoes Live* (RSO), *Eric Clapton at the Rainbow* (RSO), *461 Ocean Boulevard* (RSO), *There's One In Every Crowd* (RSO), *E. C. Was Here* (RSO), *Slowhand* (RSO), *Backless* (RSO).

Eddy, Duane (geb. in New York, USA, 1938)
Seine Eltern zogen nach Phoenix, Arizona, wo Eddy mit fünf Jahren Gitarre zu spielen begann. Mit sechzehn verließ er die Schule, spielte mit lokalen Tanzgruppen und studierte Jazz bei dem Gitarristen Jim Wybele.
Eddys Hauptbeitrag zum Gitarrenspiel war jedoch das »Twang«, das er mit Lee Hazelwood 1957 erfand, als er die Melodielinie im Baß anstatt auf den hohen Saiten spielte und noch Hall dazufügte. Das Ergebnis waren mehrere Instrumentalhits wie *Rebel Rouser* und *Peter Gunn.*
Schallplatten: *Moovin'n Groovin'* (London), *Have Twangy Guitar Will Travel* (London), *Girls! Girls! Girls!* (London), *Especially For You* (London).

Fender, Leo
Er hat mit den größten Einfluß auf die elektrische Gitarre. Fender begann mit einem kleinen Reparaturgeschäft für Radios an der Westküste Amerikas in den 30er Jahren und fing an, Tonabnehmer nachzubauen und zu verbessern, die ihm von Steel-Gitarristen gebracht worden waren.
1944 experimentierte er mit einer Solidbody-Gitarre und gründete die Fender Electric Instrument Co. im Jahre 1946. Bis 1948 hatte er die »Broadcaster« entwickelt, deren Name er aber bald in »Te-

lecaster« umwandelte. 1954 kam die »Stratocaster« heraus, die er zusammen mit einem Assistenten, Freddie Tavares, entworfen hatte. Sie war leichter und hatte drei Tonabnehmer.
In den 20er Jahren hatte er begonnen, Verstärker zu bauen. Er kaufte eine große Menge 10″ Lautsprecher auf und begann, als 12″ Lautsprecher in Mode kamen, Verstärker mit zwei 10″ Lautsprechern zu bauen, um sein Lager zu leeren. Verstärker mit zwei Lautsprechern wurden in der Folge bei Gitarristen sehr beliebt. Die Fender »Twins« und der »Bassman« kamen zum erstenmal etwa 1950 auf den Markt.

Gibson, Orville (1856 bis 1918)
Arbeitete als Angestellter in einem Schuhladen und nebenberuflich als Gitarrenbauer in Kalamazoo, Michigan, USA. Er baute Gitarren und Mandolinen in einer kleinen Werkstatt, wo er gebrauchte Möbel verwendete, um so bestes Holz zu erhalten. Er benutzte handgeschnitzte Decken und Böden, um eine violinartige Wölbung zu erreichen. Beim Schnitzen klopfte er das Holz so zurecht, daß Decke und Boden in ihrem Resonanzverhalten aufeinander abgestimmt wurden. Das waren die Anfänge der Gitarre mit geschwungener Decke.
1894 gründete er eine Ein-Mann-Firma. Aber bald überstieg die Nachfrage seine Lieferfähigkeit, so daß er 1902 die Firma Gibson mit dreizehn Mitarbeitern ins Leben rief.
Seit damals hat sie sich zum größten Hersteller von Qualitätsgitarren entwickelt.

Grossman, Stefan (geb. in New York, USA, 1945)
Grossman lernte Blues-und-Ragtime Gitarre aus erster Hand direkt von den großen Könnern, insbesondere von Rev. Gary Davis. Er kam gerade rechtzeitig nach Großbritannien, um sich der Wiederbelebung des Blues am Ende der 60er Jahre anzuschließen, bevor er sich schließlich in Rom niederließ.
Grossman ist Akademiker was Blues- und Ragtimetechnik anbelangt. Seine Analysen von Solos großer Bluesgitarristen, die in Lehrheften und auf Schallplatten festgehalten sind, sind für jeden Gitarrenschüler von unschätzbarem Wert.
Schallplatten: *Aunt Molly's Murray Farm* (Transatlantic), *Ragtime Cowboy Jew* (Transatlantic), *Those Pleasant Days* (Transatlantic), *The Gramercy Park Sheik* (Sonnet).

Harrison, George (geb. in Liverpool, England, 1943)
Als Mitglied der Beatles wurde er der bekannteste Sologitarrist, und es spricht einiges für die Einfachheit seiner Spielweise und seine kreative Art, Melodien und Elektronik einzusetzen. Er war zu einem großen Teil für den Einfluß östlicher Musik auf den Rock der späten 60er Jahre verantwortlich.
Schallplatten: *Please Please Me* (Parlophone), *With the Beatles* (Parlophone), *A Hard Day's Night* (Parlophone), *Beatles For Sale* (Parlophone), *Help!* (Parlophone), *Rubber Soul* (Parlophone), *Revolver* (Parlophone), *Sgt. Pepper's Lonely Hearts Club Band* (Parlophone), *Magical Mystery Tour* (Parlophone), *The Beatles* (Apple), *Abbey Road* (Apple), *Let It Be* (Apple), *Wonderwall* (Apple), *Electronic Sounds* (Apple), *All Things Must Pass* (Apple), *Concert for Bangla Desh* (Apple), *Living in The Material World* (Apple), *George Harrison* (Apple).

Hendrix, James Marshall (Jimi) (geb. in Seattle, USA, 1942; gestorben in London, 1970)
Jimi, ein Mischling von schwarzer und indianischer Herkunft, lernte das Gitar-

respielen selbst von Schallplatten mit Südstaatenblues, als er noch zur Schule ging. Er arbeitete in verschiedenen Soulbands, bis er 1966 von Chas Chandler entdeckt und nach London gebracht wurde.
Chandler stellte ihm Noel Redding (Baß) und Mitch Mitchell (Schlagzeug) vor, und die Jimi Hendrix Experience war geboren. Die Sensation war perfekt, und sogar Eric Clapton gestand ein, daß ihm Hendrix in dem, was er selbst machen wollte, bereits Lichtjahre voraus war.
Er war zweifellos der einfallsreichste Allround-Musiker, den der Rock auf diesem Instrument je gehabt hat. Er war mit Blues, Jazz oder Rock gleichermaßen vertraut, und sein Stil variierte zwischen feinfühligen Akkorden, durchdachten Melodielinien und den beherrschtesten und aufregendsten Rückkopplungseffekten, die man bis heute gehört hat.
Sogar sein Road Manager gab zu, daß es ihm unverständlich war, wie Hendrix seine Anlage im Griff hatte. Sie bestand im Grunde aus 400 Watt Marshall Verstärkung, einem Wah-Wah-Fußpedal, einem Verzerrer und einem Univibe.
Schallplatten: *Are You Experienced* (Track), *Axis Bold As Love* (Track), *Electric Ladyland* (Track), *Band of Gypsys* (Track), *Cry of Love* (Track), *Monterey* (Reprise), *Rainbow Bridge* (Reprise), *Experience* (Ember), *Isle of Wight* (Polydor), *Hendrix In The West* (Polydor), *War Heroes* (Polydor), *Loose Ends* (Polydor).

Hooker, John Lee (geb. in Clarksdale, Mississippi, USA, 1917)
Zog als Teenager nach Memphis, wo er anfing Bluesgitarre zu spielen. Ab 1943 lebte er in Detroit, und fünf Jahre später machte er seine erste Platte, *Boogie Chillen,* die ein Millionenerfolg war. Seit damals hat er bei verschiedenen Plattenfirmen Aufnahmen veröffentlicht und auch zahlreiche Rhythm-and-Blues-Hits gehabt.
Hookers verstädterter Country Blues auf der E-Gitarre beeinflußte viele Rockgitarristen, die ihn schließlich Ende der 60er Jahre auch in die Konzerstsäle brachten.
Schallplatten: *I'm John Lee Hooker* (Joy), *Burnin'* (Joy), *Travellin'* (Joy), *Concert at Newport* (Joy), *The Big Soul of John Lee Hooker* (Joy), *John Lee Hooker In Person* (Joy), *The Best of John Lee Hooker* (Joy), *Hooker'n'Heat* (UA), *Endless Boogie* (Probe), *John Lee Hooker* (XTRA), *Never Get Out Of These Blues Alive* (Probe), *John Lee* (Greene Bottle), *Slim's Stomp* (Polydor), *Detroit Blues* (Atlantic), *Free Beer and Chicken* (ABC).

Hopkins, Sam (Lightnin') (geb. in Cetreville, Texas, USA, 1912)
Er verbrachte die längste Zeit seines Lebens in Houston, wo er den Country Blues von Blind Lemon Jefferson gelernt hatte. Nach dem zweiten Weltkrieg ging er an die Westküste, um Plattenaufnahmen zu machen. Dort erhielt er auch den Spitznamen **Lightnin'** (Blitz) wegen seines schnellen Picking.
Seine Spielweise neigt manchmal zur Imitation des Klaviers, und er benutzt sein Instrument oft als Antwortstimme zu seinem Gesang, wobei er schnelle Läufe und Akkordbrechungen spielt.
Schallplatten: *The Rooster Crowed In England* (77), *Lightnin' Sings The Blues* (Realm), *Down Home Blues* (Stateside), *Lightnin' Strikes* (Joy), *Earth Blues* (Minit), *King of Dowling Street* (Liberty), *Let's Work Awhile* (Blue Horizon), *The Roots Of Lightnin' Hopkins* (XTRA), *Early Recordings* (Arhoolie), *Lonesome Lightnin'* (Carnival), *Dirty Blues* (Main stream).

Howlin' Wolf (wirklicher Name: Chester Burnett, geb. in Tupeledo, Mississippi, USA, 1910)
Aufgewachsen im Mississippi Delta, arbeitete er während der 30er Jahre als Baumwollpflücker. Nebenbei spielte er am Wochenende auf Tanzveranstaltungen. Nach dem zweiten Weltkrieg zog er nach West Memphis in Arkansas und wurde Profimusiker. Als er bekannt wurde ging er nach Chicago, wo seine Aufnahmen später auf die entstehende Rhythm and Blues-Welle in Großbritannien großen Einfluß haben sollten.
Schallplatten: *Big City Blues* (Custom), *Moanin' In The Moonlight* (Chess), *This is Howlin' Wolf's New Album. He Doesn't Like It. He Didn't Like Electric Guitar At First Either* (Chess), *More Real Folk Blues* (Chess), *Message To The Young* (Chess), *Chester Burnett AKA* (Chess), *The London Sessions* (Rolling Stone), *Going Back Home* (Syndicate Chapter).

Jansch, Bert (geb. in Glasgow, Schottland, 1943)
Nachdem er sich mit vielen Blues Gitarristen beschäftigt hatte, entwickelte er seinen eigenen Stil, den er durch eigene Lieder und traditionelles Material weiterentwickelte.
1966 nahm er ein jazz-orientiertes Album mit John Renbourne auf, und 1967 bildeten sie dann die Gruppe Pentangle, in der sie Jazz, Blues und Folk in einer kommerziellen Mischung vereinten.
Fachleute bezeichneten seinen Stil als *»Folk Barock«*.
Schallplatten: *Bert Jansch* (Transatlantic), *It Don't Bother Me* (Transatlantic), *Jack Orion* (Transatlantic), *Bert and John* (Transatlantic), *Nicola* (Transatlantic), *Birthday Blues* (Transatlantic), *Rosemary Lane* (Transatlantic), *Moonshine* (Warner Bros), *LA Turnaround* (Charisma).

Johnson, Robert (geb. in Robinsville, Mississippi, USA, 1914; gestorben 1938)
Etwa dreißig Aufnahmen sind tatsächlich alles, was von diesem Musiker geblieben ist. Als Einzelner hatte er vielleicht den größten Einfluß auf die Blues Gitarre. Fakten über sein Leben sind nicht genau bekannt, aber man nimmt an, daß er bereits mit vierundzwanzig Jahren gestorben ist.
Er begann als Kind auf der Mundharmonika und brachte sich das Gitarrespielen selbst bei, indem er Son House und anderen Delta-Musikern genau auf die Finger schaute.
Er spielte die offen gestimmte Bottleneck- und Fingerstil-Gitarre des Delta, entwickelte aber komplexe rhythmische Wechsel, wobei die rechte Hand den Schlag abdämpfte.

King, Riley (B.B.) (geb. in Itta Bena, Mississippi, USA, 1925)
B.B. ist ein großartiger, stark vom Jazz beeinflußter Solist. Er spielt eine Gibson ES 335, die er »Lucille« nennt. Seine Spielweise rührt daher, daß er versuchte das Bottleneck zu imitieren, daß er sehr am Saxophon interessiert war, und daß er von Anfang an von Jazzgitarristen wie Charlie Christian und Lonnie Johnson beeinflußt wurde.
Da er nicht zur selben Zeit singen und spielen kann, haben seine Ausdruckskraft und Originalität auf der Gitarre zu Vergleichen mit Jimi Hendrix geführt.
Schallplatten: *Live At The Regal* (HMV), *The R & B Soul of B.B. King* (Ember) , *Blues Is King* (HMV), *Blues On Top Blues* (Stateside), *16 Greatest Hits* (Galaxy), *From The Beginning* (Kent), *B.B. King Story* (Blue Horizon), *His Best – The Electric B.B. King* (Stateside), *Live and Well* (Stateside), *Completely Well* (Stateside), *Live In Cook Country Jail* (Probe), *Take A Swing With Me* (Blue Horizon), *Indianola Mis-*

sissippi Seeds (Probe), *In London* (Probe), *LA Midnight* (Probe), *B.B. King, Vol. 1 and 2* (New World), *Back In The Alley* (Bluesway), *The Best Of* (Probe), *Guess Who?* (Probe), *To Know You Is to Love You* (Probe), *Friends* (Probe).

Martin, C.F. (geb. Mark Neukirchen, Deutschland, 1796, gestorben in Nazareth, Pennsylvania, USA, 1873)
Er lernte das Gitarrenbauen von seinem Vater, bevor er für den berühmten Wiener Lautenbauer Staufer arbeitete. 1833 emigrierte er nach Amerika und ließ sich in New York nieder. Im Jahre 1839 ging er nach Nazareth, wo seine Firma seit damals ihren Sitz hat.
In der Mitte des 19. Jahrhunderts entwikkelte er die Gitarre mit flacher Decke, die der Vorläufer der heutigen Western-Gitarre war. Er erfand das Fächerbalken-Muster, das heute in allen Folk-Gitarren gebraucht wird. Die ersten Martin Western-Gitarren wurden um 1900 gebaut, gingen aber erst 1922 in Serienproduktion.

Marvin, Hank B. (geb. in Newcastle-upon-Tyne, 1941)
Er war der Bandleader der Shadows, die Cliff Richard begleiteten und die sich später als Instrumentalgruppe selbständig machten. Hank Marvin war zwar nie ein Genie auf dem Instrument , aber er demonstrierte die Möglichkeiten der Sologitarre.
Seine einfachen, melodischen Läufe wurden ohne Schwierigkeiten von den gitarrebegeisterten Jugendlichen der frühen 60er Jahre nachgespielt, und es entstand bei den Jugendlichen ein Interesse an der Gitarre, aus dem heraus später gegen Ende der 60er Jahre und zu Beginn der 70er viele der großen britischen Gitarristen hervorgingen.
Schallplatten: *The Shadows* (Columbia), *Out Of The Shadows* (Columbia), *The Shadows Greatest Hits* (Columbia), *Dance With The Shadows* (Columbia), *The Sound Of The Shadows* (Columbia), *More Hits* (Columbia), *Shadow Music* (Columbia), *Jigsaw* (Columbia), *From Hank, Bruce, Brian and John* (Columbia), *Established 1958* (Columbia), *Shades of Rock* (Columbia), *Rokkin' With Curly Leads* (Columbia).

McLaughlin, John (geb. in Yorkshire, England, 1942)
Begann mit elf Gitarre zu spielen. In London spielte er mit verschiedenen Jazz- und Rockgruppen, bevor er sich gegen Ende der 60er Jahre mit östlicher Musik näher befaßte.
Indem er diese Einflüsse mit seiner klassischen Spielweise kombinierte, überraschte er Gitarristen und Zuhörer gleichermaßen mit dem Ausmaß neuer Stilrichtungen, die er eröffnete.
Er kann manchmal etwas »trocken« und »technisch« klingen, am besten aber ist er, wenn er melodisch oder auch frei und spontan spielt.
Schallplatten: *Extrapolation* (Marmalade), *Devotion* (Barclay), *My Goal's Beyond* (Douglas), *The Inner Mounting Flame* (CBS), *Birds Of Fire* (CBS), *Love Devotion Surrender* (CBS), *From Nothingness To Eternity* (CBS).

Moore, Scotty (geb. in Gadsden, Tennessee, USA, 1931)
Er spielte Country-Musik im Radio und nahm an Sessions in Nashville teil, bis er 1954 nach Memphis ging und Elvis Presleys erste Begleitgruppe zusammenstellte. Er spielte keine kraftstrotzende Gitarre bei *Heartbreak Hotel* und *Hound Dog*.

Paul, Les (geb. in Waykesha, Wisconsin, USA, 1916)
Als Hillbilly- und Jazz-Gitarrist begleitete er Bing Crosby in den 40er Jahren.

Sein Name steht für zwei Dinge: die Les Paul-Gitarre und das Playbackverfahren (double tracking); beides von ihm erfunden.

Als er nach einem Autounfall im Krankenhaus lag, kam ihm die Idee, eine Solid-Body-Gitarre zu bauen. Er entwickelte diese Idee mit der New Yorker Niederlassung von Epiphone. Allerdings erst 1952 konnte er seine Idee in bare Münze umsetzen, als Gibson die ersten Les Paul auf den Markt brachte. Er achtet noch immer genau auf die Qualität der Instrumente, die seinen Namen tragen.

Gegen Ende der 40er Jahre traf er Mary Ford, und sie arbeiteten zusammen als Duo. Sie hatten schließlich eine ganze Reihe von Millionenerfolgen, wie zum Beispiel *Mockin' Bird Hill, How High The Moon* und *The World Is Waiting For The Sunrise,* wobei sie im Playbackverfahren auf einer 8-Spur Tonband-Maschine arbeiteten, die er 1959 erfunden hatte.

Reinhardt, Jean Baptiste (Django) (geb. in Belgien, 1910; gestorben in Fontainebleau, Frankreich, 1953)

Er war Zigeuner und reiste viel zwischen Frankreich und Belgien hin und her. Reinhardt erlitt während eines Feuers in seinem Wohnwagen 1928 ernsthafte Verbrennungen, wodurch zwei Finger seiner linken Hand gelähmt blieben.

Deshalb entwickelte er einen völlig eigenen Stil, der sich vorwiegend auf Einzeltonfolgen und Improvisationen stützte, in denen er sich nie zu wiederholen schien.

Er gründete das *Quintet du Hot Club de la France* mit Stephane Grappelli und spielte schließlich auch elektrische Gitarre.

Schallplatten: *Swing From Paris* (London), *Django Reinhardt* (Victor), *The Best Of* (Capitol).

Renbourne, John (geb. in London, 1944)

Als Gitarrist der Skiffle-Ära fand er schließlich als Solist zum Folk, wo er manchmal von Jacqui McShee, Gesang, begleitet wurde. Er spielte auch mit Bert Jansch. Schließlich gründeten sie Pentangle, die erste Gruppe, die Jazz, Folk und Rock verschmolz.

Seit der Auflösung von Pentangle verfolgte er sein Interesse an mittelalterlicher Musik weiter und etablierte sich allmählich als einer der besten akkustischen Gitarristen in Großbritannien, den eine klassische Spielweise und ein offensichtlich angeborenes Talent zum Arrangieren auszeichnen.

Schallplatten: *John Renbourne* (Transatlantic), *Bert and John* (Transatlantic), *Another Monday* (Transatlantic), *Sir John Alot* (Transatlantic), *The Pentangle* (Transatlantic), *Sweet Child* (Transatlantic), *Basket of Light* (Transatlantic), *Cruel Sister* (Transatlantic), *Reflections* (Transatlantic), *Solomon's Seal* (Reprise), *The Lady and the Unicorn* (Transatlantic), *Faro Annie* (Transatlantic), *Maid In Bedlam* (Transatlantic), *The Black Balloon* (Transatlantic).

Rodrigo, Joaquin (geb. 1902)

Ein spanischer Komponist des zwanzigsten Jahrhunderts, der für zwei besonders bekannte Stücke berühmt wurde, *Fantasia par un Gentilhombre,* 1954 für Segovia komponiert und *Concierto de Aranjuez,* das Regino Sainz de la Maza gewidmet ist und von diesem auch 1940 in Madrid uraufgeführt wurde.

Segovia, Andres (geb. in Linares, Spanien, 1893)

Ein Virtuose, der sich das Gitarrenspiel selbst beibrachte und der, wie kein anderer, für die Popularität der Gitarre in diesem Jahrhundert verantwortlich ist.

Sein lokales Debut gab er 1916 in Madrid, sein europäisches Debut 1924 in

Paris. Sein Spiel und seine Bearbeitungen, z. B. der »Chaconne« aus der zweiten Partita in D-moll von J. S. Bach, erweckten neues Interesse an der Gitarre. Segovia hat Arbeiten europäischer und lateinamerikanischer Komponisten inspiriert. Besonders zu erwähnen sind dabei Torroba, Turina, Manuels Ponce und Castelnuovo-Tedesco.
Außerdem hat Segovia viele junge Gitarristen inspiriert, darunter Bream und Williams, und er gibt nach wie vor faszinierende Konzerte.

Sor, Fernando (geb. in Barcelona, 1778; gestorben in Paris 1839)
Der größte Gitarrist der Romantik. Im Kloster, wo er zur Schule ging, erhielt er Musikunterricht, aber keinen Gitarrenunterricht. Als er die Schule verließ, erwarb er eine Gitarre. Er wurde »der Beethoven der Gitarre« genannt, vielleicht etwas vorschnell, obwohl einige seiner Werke ausgezeichnet sind, besonders seine *Etuden,* die die Technik verbessern, und seine Variationen eines Themas aus dem ersten Akt von Mozarts *»Zauberflöte«.*

Tarrega, Francisco (1854 bis 1909)
Tarrega lernte Klavier und Gitarre von blinden Lehrern und begann, als Straßenmusikant auf Spaniens Straßen seinen Lebensunterhalt zu erbetteln. Schließlich ließ er sich in Barcelona nieder. Reiche Gitarrenschüler kamen zu ihm, sein Ruf verbreitete sich.
Er verfaßte ein neues romantisches Repertoire für Gitarre und schrieb hunderte von Stücken von Beethoven, Chopin, Schumann und Bach für Gitarre um.
Bis zu Tarrega war es allgemein üblich gewesen, die rechte Hand mit dem nahe des Steges aufgesetzten kleinen Finger zu stützen. Tarrega »befreite« die rechte Hand und machte das Ruhen der Gitarre auf dem linken Bein populär.

Williams, John (geb. in Melbourne, Australien, 1941)
Williams begann als Siebenjähriger unter der Anleitung seines Vaters, Gitarre zu spielen. 1952 zog seine Familie nach London, wo er mit elf Jahren Segovia traf, der ihn auf die Accademia Musicale Chigiana in Siena brachte, wo Segovia selbst unterrichtet.
Nach fünf Jahren kehrte Williams nach London und auf das Royal College of Music zurück. Sein Londoner Debut gab er in der Wigmore Hall im November 1958. Zu Beginn der 60er Jahre begann er Konzerttourneen zu machen, die ihn alsbald berühmt machten und ihn immer wieder auf die Konzertbühnen der Welt, wie auch in die Radio- und Fernsehstudios führen.
Er hat auch Exkursionen in Jazz und Rock unternommen und vermutlich mehr als jeder andere für die Erweiterung des Repertoires der klassischen Gitarre gesorgt. Er tritt regelmäßig im Ronnie Scott's Jazz Club in London auf. Auch ist er wahrscheinlich der erste bedeutende klassische Gitarrist, der sich der elektrischen Gitarre annahm.
Schallplatten: *CBS presents John Williams* (CBS), *Virtuoso Music For Guitar* (CBS) , *Rodrigo: Fantasia Para un Gentilhombre* (CBS), *Changes* (Cube), *Haydn: Guitar Quartet* (CBS), *Virtuoso Variations for Guitar* (CBS), *Vivaldi Giulini Concertos* (CBS), *John Williams Plays Spanish Music* (CBS), *The Height Below* (Cube), *Theodorakis* (CBS), *Previn: Guitar Concerto* (CBS), *Rodrigo: Concierto de Aranjuez* (CBS), *Bach: Complete Music for Lute* (CBS), *John Williams and Friends* (CBS).